La chiromancie

21

COLLECTION

LUMIÈRES

JOËLLE ILOUS

La chiromancie

L'art de lire les lignes de la main

EDITIONS
de Bressac

Illustration de la couverture : Charles Vinh
Conception graphique : Christiane Séguin
Infographie : Papyrus communication graphique
Révision : Francine Laroche

Dépôt légal 4e trimestre 1997

ISBN 2-84320-034-2

DIFFUSION / DISTRIBUTION

AMÉRIQUE
Messageries ADP (filiale de Sogides ltée)
955, rue Amherst, Montréal (Québec) H2L 3K4
(514) 523-1182

FRANCE
Casteilla-Chiron Diffusion, 10, rue Léon-Foucault, 78184 Saint-Quentin en Yvelines, France
(01) 30.14.19.57

BELGIQUE
Diffusion Vander s.a., 321, avenue des Volontaires, B-1150 Bruxelles, Belgique
(2) 762.98.04

SUISSE
Transat s.a., Rte des Jeunes, 4 ter, Case postale 125, 1211 Genève 26, Suisse
342.77.40

Publié par Éditions de Bressac, une marque de Sabre Communication
5, avenue du Maréchal Juin, 92100 Boulogne, France
(01) 41.22.05.29

Imprimé et relié au Canada

TABLE DES MATIÈRES

CHAPITRE 1

Généralités : l'avenir entre les mains

1

Véritable trait d'union entre l'homme et l'objet, entre l'univers spirituel et le monde matériel, la main se révèle être un outil de communication très efficace qui, en plus, nous permet de mieux connaître l'autre. Une poignée de main molle ou énergique, moite, sèche ou fébrile, chaude ou glaciale ne livre-t-elle pas sans fard et sans détour les principaux traits de caractère d'un individu? Mieux que ne le ferait un long discours, la reconnaissance des signes de la main est une façon unique de sonder la personnalité et la destinée de la personne qui se tient devant nous.

Miroir de l'âme, du psychisme et souvent de l'état de santé, la main a quelque chose de magique dans sa fonction vitale : elle exécute quasi instantanément, et avec une extraordinaire précision, les ordres donnés par le cerveau. Pourtant, quoi de plus banal, quoi de plus familier, et de plus utile aussi, que cette main faite pour accomplir nos tâches quotidiennes?

Ces mains qui donnent et ces mains qui reçoivent sont riches de promesses tenues. Elles recèlent à la fois le passé, le présent et l'avenir; elles révèlent les aptitudes artistiques, l'attrait pour le pouvoir, la prédisposition au bonheur, la quête désespérée de l'âme sœur, la convivialité innée ou la tendance à la solitude. Et il n'y a rien de surnaturel dans tout cela : les signes les plus parlants résultent en effet des émanations de nos processus chimiques internes qui tracent des marques sur nos mains. C'est d'ailleurs pourquoi les lignes ne sont pas inscrites à vie.

DE LA CHIROMANCIE À LA CHIROLOGIE

L'intérêt pour la chiromancie (l'étude des lignes de la main) ne date pas d'hier. Elle a de tout temps été un objet de fascination pour l'homme. Bien qu'il existe peu de documents anciens sur le sujet — on attribue généralement à la chiromancie une origine orientale —, on sait qu'elle était connue et pratiquée dans l'Antiquité. Elle servait en effet de support de voyance aux prêtres des temples, qui savaient déjà faire le lien entre l'esprit de l'homme et les lignes inscrites dans sa main. C'est Aristote qui, le premier, aurait écrit sur la chiromancie, un art divinatoire à part entière s'appuyant non plus sur des symboles, mais sur la personne elle-même et permettant de déchiffrer les trajectoires d'un avenir inscrit dans la paume de la main.

Même si les Romains ont, eux aussi, pratiqué la chiromancie, on ne peut pas dire que l'interprétation des signes de la main a connu un franc succès en Occident. C'est seulement à partir de la Renaissance que l'on commence à inclure cette véritable science dans des traités concernant principalement l'astrologie. Seuls les astrologues consentent en effet à s'y intéresser. Depuis, l'idée a fait son chemin et, de technique divinatoire, la chiromancie est devenue objet de science. Ce sont d'Arpentigny et Desbarolles, deux érudits du XIXe siècle, qui, grâce à une étude quasi morphologique (la chirognomonie), ont fait avancer les choses à pas de géant. Cette fois, ce ne sont pas les lignes qui ont de l'importance, mais la forme générale de la main, son aspect, sa texture, sa couleur et sa consistance. Autant de signes négligés jusqu'alors et qui vont désormais permettre de tracer le profil psychologique d'un individu.

La connaissance en matière de chiromancie, de même que la manière de l'appliquer, n'a cessé de progresser au cours des siècles. Aujourd'hui, pour faire une interprétation valable des signes, il faut allier deux techniques : celle de la chiromancie, qui étudie les signes et les lignes de la main, et celle de la chirognomonie, qui s'intéresse aux caractéristiques de la main dans son ensemble. Lorsque l'on associe les deux techniques, on parle alors de chirologie. On est ainsi bien loin de l'image simpliste de la bohémienne n'étudiant que la main gauche, celle du passé, pour y lire... l'avenir!

LES MAINS : UNE CARTE GÉOGRAPHIQUE

Il est donc faux de croire que seules les grandes lignes de la main ont une importance. En réalité, et comme nous venons de le voir, tout compte et tout mérite d'être étudié :

- la forme de la main (dos et paume), sa largeur, sa taille, sa finesse ou sa robustesse, sa proportion par rapport au corps (est-elle trop grande, trop petite, trop mince ou trop grosse par rapport à la morphologie?);

- la forme des doigts (qui va jusqu'à indiquer l'existence ou non d'aptitudes artistiques), leur dimension les uns par rapport aux autres et l'originalité des signes qui les définissent (rappelez-vous la découverte du biologiste britannique Francis Galton qui reconnaissait le caractère unique des empreintes digitales);

- la forme du pouce, son aspect individuel, sa souplesse, la manière dont il est «construit» par rapport à la paume, la largeur de l'angle qu'il forme avec l'index (qui ont à voir avec notre perception de la vie);

- la forme des ongles, leur longueur, leur couleur, leur consistance, l'importance de la lunule (qui révèlent certains traits du tempérament);

- la longueur des phalanges et leur grosseur (qui renseignent sur les capacités propres à chacun et le potentiel dont il dispose pour les développer);

- la proéminence des Monts (de Vénus, de Mercure, de Jupiter...), parties charnues qui bordent la paume à la base des doigts et qui doivent leurs noms aux premiers astrologues qui s'intéressèrent à la chiromancie et qui donnèrent aux principaux signes étudiés les noms symboliques des astres dont ils semblaient partager les caractéristiques, Mont d'Apollon pour les arts, de Jupiter pour l'orgueil... (qui représentent une part de nous-mêmes);

- les lignes principales et secondaires, le parcours particulier qu'elles suivent à l'intérieur de la paume, leur couleur (qui permettent d'en savoir plus sur les forces ou les faiblesses de caractère, sur la fragilité ou la stabilité de l'équilibre psychologique et sur les étapes importantes dans l'évolution de notre vie);

- la température de la peau, sa texture et son degré d'humidité (qui renseignent sur le potentiel émotionnel);

- les signes secondaires (carré, étoile, chaîne, île, etc.) répartis sur les Monts, sur les phalanges et sur les lignes (qui sont des indices indispensables pour compléter l'analyse).

C'est seulement lorsque tous ces signes auront été pris en considération que l'on pourra définir de façon significative la personnalité de quelqu'un, son tempérament, ses goûts, ses désirs avoués ou cachés et même ses regrets, et retracer les grands événements de sa vie. Car ce sont ces détails qui permettent d'en savoir plus sur le moi réel du sujet, sur son potentiel et la façon particulière qu'il aura de le réaliser.

C'est en étudiant chacun de ces éléments et en les mettant bout à bout pour en faire une synthèse que l'on appréhendera cette science véritable qu'est l'étude de la main. Encore faut-il pour y parvenir, et ouvrir ainsi le coffre du destin, vouloir interpréter avec patience et minutie cette foule de signes secondaires qui sont autant d'indications importantes et révélatrices de la combinaison secrète de chaque main, donc de la personnalité véritable d'un individu.

MAIN DROITE OU MAIN GAUCHE?

Il faut enfin savoir définir quelle main doit être analysée en premier. Car si dans les deux mains les signes se ressemblent, ils ne sont toutefois pas identiques. Ils se complètent et se modifient en fonction de l'évolution personnelle du sujet.

La main gauche, passive, fournit des indications sur le passé, l'hérédité, l'inné, sur ce que nous portons en nous en naissant, l'inconscient, et, d'une certaine manière, sur la voie tracée, sur ce qui nous attend si nous ne changeons pas les choses.

En revanche, la main droite, active, représente le conscient, l'acquis. Elle est la manifestation de notre volonté. Elle évolue à notre rythme et au gré des événements, de la chimie et de l'alchimie de notre organisme, de nos émotions. Elle est le reflet de notre vie, de notre libre arbitre. Car si l'on ne peut guère changer ce qui est inscrit dans notre main gauche, on peut en contrepartie faire évoluer ce qui l'est dans notre main droite.

À noter que ces notions sont à inverser pour les gauchers : la main droite, passive, représentera le passé et la main gauche, active, le futur.

Il est donc révolu le temps où l'on croyait que l'homme avait un avenir tout tracé dès la naissance et qu'il ne pouvait rien y changer. On sait aujourd'hui que nous avons le choix de modifier notre destin. D'où l'intérêt de bien se connaître. Et juste retour des choses, l'étude de la main n'est plus considérée comme une distraction de salon dédiée à des simples d'esprit ni comme un moyen de soutirer de l'argent à des naïfs ou une façon d'avoir de l'ascendant sur les faibles. Elle est maintenant réputée pour être une excellente manière d'en savoir plus sur soi, d'éclairer les points obscurs de notre personnalité, de comprendre les grandes passions qui nous animent et d'appréhender les événements importants à venir en prenant le temps de nous demander si oui ou non, c'est bien cette voie-là que l'on désire suivre. Ce qui se résume à prendre sa vie en main...

CHAPITRE 2

La main : un précieux guide pour les états d'âme

2

Sans entrer dans les détails, on peut d'emblée savoir dans quelle catégorie classer telle ou telle main : il suffit de la détailler et de noter ses caractéristiques les plus évidentes.

Sa longueur et sa largeur vous diront tout de suite si elle est trop grande, trop petite ou normale par rapport à la taille et au sexe de la personne. Il est généralement admis qu'une main moyenne, la plus courante, est davantage attachée à l'image de quelqu'un de délicat et de réfléchi, qu'une grande main est faite pour appréhender les choses, pour les prendre à bras le corps en quelque sorte, alors qu'une petite main définira plutôt quelqu'un d'hésitant, qui perd trop de temps à peser le pour et le contre avant d'agir.

Sa finesse ou sa robustesse, la forme des doigts et leur aspect lisse ou noueux, la consistance des articulations selon qu'elles sont nerveuses ou douces, la couleur de la peau, la forme de la main et même sa façon d'évoluer dans l'espace sont autant d'indications sur la nature profonde de l'individu, sur ses aspirations, tendances, goûts et penchants, sur sa façon d'agir de même que sur le potentiel dont il dispose et comment il l'utilise de manière concrète.

SES DIFFÉRENTES FORMES

Bien étudiée, la forme de la main peut vous en dire autant

que n'importe quelle analyse psychologique portant sur les principaux traits de caractère d'un individu. Elle vous permet en outre de définir rapidement les tendances les plus marquées de sa personnalité. Voici pourquoi il est important d'analyser en tout premier lieu la forme générale de la main, qui vous dira d'emblée à quelle famille il appartient, avant de vous intéresser à ses proportions et à sa consistance pour compléter votre étude. Il existe plusieurs sortes de mains, mais les plus courantes sont la main carrée, la main conique et la main spatulée.

MAIN CARRÉE. Généralement dotée de doigts courts, la main carrée dessine à elle seule le portrait d'un individu solide et sûr de lui. Sans risquer de vous tromper, vous pouvez d'ores et déjà dire que vous avez affaire à quelqu'un qui aime la vie et qui entend bien en profiter. Cet optimiste forcené a pourtant les pieds sur terre et s'il sait jouir du temps qui passe en mettant toutes les chances de son côté, il ne recule pas devant la difficulté et il assume ses responsabilités. Combatif et persévérant, il est doté d'un solide sens pratique associé à une grande confiance en lui. Il sait ce qu'il veut et comment l'imposer aux autres. C'est un commandeur-né qui s'attache à développer toutes les capacités qui sont en lui pour triompher de l'adversité. S'il n'est pas insensible, sa raison parle pourtant toujours avant ses sentiments. Il ne se laisse pas mener par des projets chimériques, mais par des raisonnements d'une logique implacable où le hasard intervient peu. Il n'en devient pas inhumain pour autant, car il a besoin pour agir de se sentir rassuré sur les sentiments de ses proches à son égard. À l'occasion, il sait aussi se montrer chaleureux et affable, même si c'est le plus souvent pour parvenir plus vite à ses fins. La patience n'est pas sa qualité première, mais si les circonstances l'exigent, il saura se contenir et attendre son heure pour atteindre son but. Très physique de nature, il se défoulera à l'air libre, préférant toujours les champs aux villes, pas forcément pour y travailler, mais pour s'y ressourcer et y puiser parfois l'inspiration créatrice.

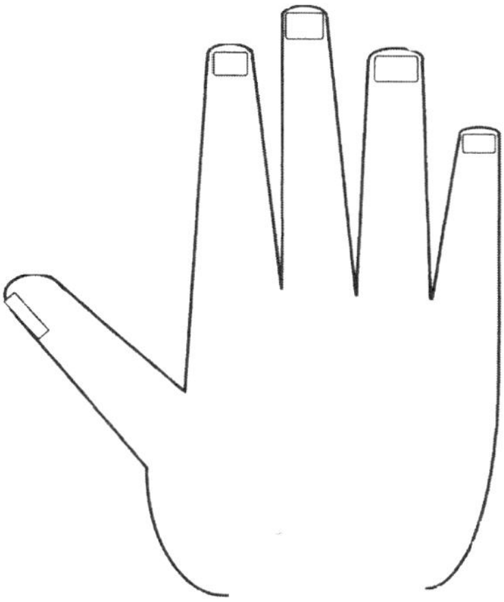

Main carrée

MAIN CONIQUE OU TRIANGULAIRE. Sans conteste possible, cette main-là appartient à un individu doté de beaucoup d'intuition et d'un grand pouvoir de réflexion. Ici, c'est d'abord l'intellect qui prime, le matériel n'étant qu'un obstacle nécessaire à surmonter. Peu indulgent lorsqu'il disserte sur la nature humaine, ce sujet ne se montre pas toujours très optimiste quant à l'avenir de l'humanité et à son propre devenir. Il supporte difficilement la controverse et se déclare trop vite froissé dans son orgueil, en partie à cause de la trop haute opinion qu'il a de lui-même. Curieux de tout et avide de connaissances, il doit composer avec un esprit toujours en ébullition, ce qui l'empêche de devenir un contemplatif. Il se veut acteur à part entière du théâtre de la vie, et tant mieux si les choses bougent vite : cela répond à son impétuosité innée et à une nervosité qu'il maîtrise parfois avec la plus grande difficulté. Doué d'une grande intelligence et d'un esprit brillant, il sait se faire aimer. Il se montre toutefois extrêmement prudent avant de s'engager, mais lorsqu'il décide de le faire, c'est pour longtemps.

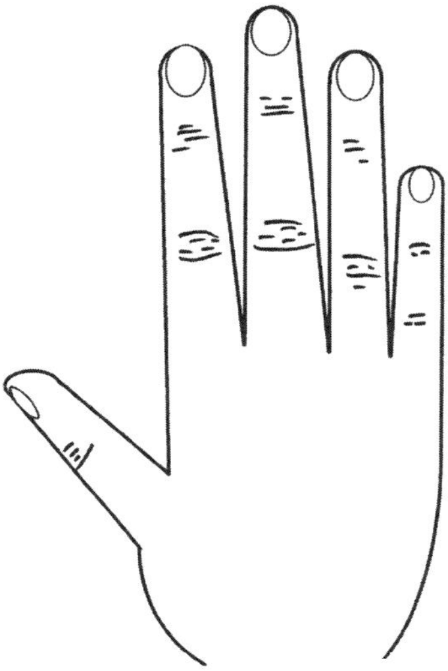

Main conique ou triangulaire

MAIN SPATULÉE. Audacieux pour ne pas dire téméraire, guidé par une inébranlable confiance en lui, l'individu à la main spatulée n'y va pas par quatre chemins pour acquérir des biens matériels, qui correspondent pour une bonne part au but de sa vie. Nerveux et irritable, il supporte difficilement la contrariété et encore plus difficilement le moindre obstacle susceptible de lui barrer la route de la réussite. Bourré d'énergie, il a besoin de bouger et de se dépenser physiquement pour canaliser une énergie trop forte qui risquerait de l'étouffer. Les nouvelles amitiés comme les nouveaux projets l'excitent, et c'est avec un enthousiasme débordant qu'il se jette à corps perdu dans des activités où il convient parfois d'agir sans réfléchir pour réussir. Détestant la routine et tout ce qui lui ressemble de près ou de loin, il n'hésite pas à se lancer dans des activités des plus folles, du moment qu'elles lui permettent d'agir. S'occuper de plusieurs choses à la fois ne lui fait pas peur, sûr qu'il est de réussir tout ce qu'il entreprend. Ce qui lui arrive d'ailleurs fréquemment et ce qui lui donne une aura particulière auprès des gens de son entourage, souvent sous le charme de cet être survolté qui semble vouloir vivre deux vies en une. Capable d'abattre en un temps record un travail de titan, il est l'exemple type du meneur qui sait freiner son impatience pour mettre tout le monde dans sa poche. Boute-en-train de génie, il est très recherché et sait comme personne animer des soirées entre amis. Lorsque l'on arrive à le suivre, on peut compter sur lui et sur une amitié chaleureuse qui ne se dément pas.

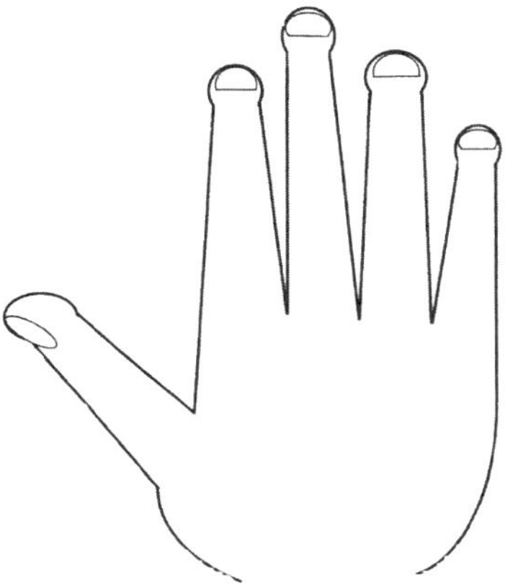

Main spatulée

LES PROPORTIONS DE L'ÉQUILIBRE

On dit d'une main qu'elle est harmonieuse et équilibrée lorsque, en traçant une croix en son milieu — de la base du majeur (ou médius) au poignet d'une part et de la base du pouce jusqu'au bord de la main (percussion) d'autre part —, l'on obtient quatre parties (ou cadrans) à peu près égales. D'une manière générale, toute la partie supérieure concerne les facultés créatrices, le psychisme, le mental, l'intellect, tandis que la partie inférieure représente le matériel, le pratique, l'actif. Le côté gauche symbolise la passivité, la perception, l'attente, alors que la partie droite est celle de l'action, de la volonté, du mouvement.

Selon l'importance de chaque division, l'on pourra donc déduire très vite si le sujet est plutôt un penseur et un contemplatif — dans ce cas, la partie de gauche l'emporte sur celle de droite — ou un touche-à-tout dont le principal moteur est l'action — lorsque la partie de droite l'emporte sur celle de gauche.

SA SOUPLESSE

Là encore, il suffit d'un simple geste, comme serrer la main de l'individu qui se tient devant vous, pour savoir à qui vous vous adressez : à un meneur ou à un timoré, à un nerveux ou à un lymphatique, à un actif ou à un indolent. En effet, la flexibilité de la main révèle à elle seule la motivation ou l'indifférence.

MAIN FERME. Signe de franchise et de loyauté, une main ferme révèle un tempérament énergique, parfois ambitieux, toujours autoritaire. Le sujet, généralement doté d'une bonne santé et d'une grande énergie, ne rechigne pas à mettre la main à la pâte. Sûr de lui, il excelle à préserver des valeurs et des idées qui ont fait leurs preuves, et lorsqu'il se laisse séduire par des innovations, c'est seulement après avoir pesé le pour et le contre. Ce qui peut parfois le faire passer pour un indécis, ce qu'il n'est pas.

MAIN MOLLE. Signe de nonchalance, de faiblesse et de timidité, une main molle traduit un tempérament plutôt passif, davantage enclin aux activités cérébrales que physiques. Le sujet préfère souvent rêver que réaliser ce qui lui tient à cœur et lui semble impossible à obtenir. Effrayé par le moindre obstacle qui se dresse, il préfère faire le dos rond et attendre des jours meilleurs plutôt que de dépenser inutilement une énergie qu'il économise soigneusement. Sa force d'inertie lui permet parfois de gagner des combats qui lui semblaient perdus d'avance.

SON TYPE DE PEAU

Avant même d'examiner les autres caractéristiques révélatrices du tempérament, il faut prendre le temps de serrer et de caresser la main pour tester l'élasticité de la peau qui, elle aussi, recèle de précieuses indications.

PEAU SÈCHE ET TENDUE. Un tel type de peau révèle que le sujet ne sait pas toujours se maîtriser et qu'il laisse trop souvent sa nervosité prendre le dessus.

PEAU NORMALEMENT FERME ET ÉLASTIQUE. Cette caractéristique nous signale que le sujet mène une vie équilibrée. Curieux de tout, il sait aussi bien profiter des choses matérielles que spirituelles.

PEAU DOUCE ET CHARNUE. Dotée d'une grande délicatesse, la personne pourvue de ce type de peau aime tout ce qui parle à sa sensibilité, à commencer par le beau.

SA COULEUR

Voilà un autre élément qui peut nous donner des renseignements sur le tempérament et parfois sur l'état de santé du sujet. Il faut alors comparer la couleur de la peau de la main avec le teint naturel de l'ensemble du corps.

PEAU PLUS FONCÉE. Une teinte de cette nature révèle un actif attiré par les biens matériels. Le flair remplace l'intuition et l'action supplante l'imagination.

PEAU PLUS CLAIRE. Voilà une caractéristique qui définit un tempérament lymphatique, davantage marqué par l'indolence que par l'agitation. La passivité risque d'être ici le talon d'Achille.

PEAU PLUTÔT ROUGEÂTRE. C'est que l'on a ici affaire à un sanguin incapable de maîtriser ses sentiments, trop impatient de parvenir au but qu'il s'est fixé. Le défaut de la cuirasse serait d'avoir la tête près du bonnet.

PEAU TIRANT SUR LE BEIGE. Elle révèle l'idéaliste souvent incapable de passer aux actes, toujours prêt à juger ce que font les autres, mais que lui-même n'est pas capable d'accomplir.

SA PILOSITÉ

La densité des poils joue un rôle important dans l'analyse de la main. Généralement, les hommes présentent une pilosité abondante, alors que chez les femmes il s'agit le plus souvent d'un léger duvet. Il faut donc procéder à l'interprétation en fonction du sexe et par rapport à une pilosité moyenne considérée comme étant la norme.

MAIN TRÈS POILUE. Si l'on distingue à peine la peau sous les poils, on a devant soi un sujet grossier, instinctif et peu raffiné, davantage porté sur les choses physiques que sur celles de l'esprit. Coléreux, il peut se montrer agressif lorsqu'on lui tient tête. Ce qu'il aime avant tout, c'est faire ce qu'il veut, et que rien ni personne ne l'en empêche.

MAIN MOYENNEMENT POILUE. Une peau apparaissant nettement sous les poils annonce un sujet équilibré, qui aime jouir de la vie sans restriction mais sans obsession et qui accorde autant d'importance à sa condition physique que mentale. Stable et solide, on peut compter sur lui en tout temps.

MAIN PEU POILUE. Indéniablement, le sujet dont il est question ici manque de caractère et d'entregent. D'un naturel plutôt faible, il est capable de trahir son camp s'il sent la moindre menace planer. On peut difficilement faire confiance à cet instable égoïste, que le seul mot «responsabilité» suffit à effrayer.

LES JOINTURES

Lorsque l'on serre fortement le poing (dos de la main tourné vers soi), on aperçoit des bosses situées à la base des doigts. À leur manière, ces bosses ou jointures sont également porteuses d'indices concernant les traits dominants du caractère, selon qu'elles se présentent de façon douce et régulière ou abrupte et inégale.

JOINTURES TRÈS APPARENTES. Elles dénotent de la force et de l'énergie.

JOINTURES PARTICULIÈREMENT SAILLANTES. Elles signifient un manque de franchise.

JOINTURES LISSES. Elles soulignent une grande ouverture d'esprit.

Si les jointures suivent une ligne très régulière, on parle de raffinement et de sens esthétique. Si, au contraire, elles forment une ligne très inégale, elles révèlent alors un tempérament confus porté à l'indiscipline.

CHAPITRE 3

Les doigts : de grands révélateurs d'aspirations

3

Qu'on les considère individuellement ou dans leur ensemble par rapport à la main, les doigts jouent un rôle capital dans l'interprétation des signes révélateurs du tempérament d'un individu. Aussi curieux que cela puisse paraître, puisque l'on parle toujours des lignes de la main et assez peu des doigts, ce sont pourtant eux qui en disent le plus long, et de la façon la plus détaillée qui soit, sur les goûts et les aspirations. Aussi faut-il prendre le temps d'en considérer les différents aspects : la forme, mais aussi la longueur, l'écartement et la manière dont ils se tiennent, sans oublier les phalanges, elles aussi très significatives.

LEUR APPARENCE

Selon qu'ils semblent suivre une ligne droite ou bosselée, les doigts sont soit lisses, soit noueux.

DOIGTS LISSES. Ils révèlent un esprit vif, trop parfois, plein de fraîcheur et de spontanéité. Intuitif, le sujet aime la vie en société, la bonne chère, les savoureuses histoires. En un mot comme en cent, il aime la vie et entend bien en profiter.

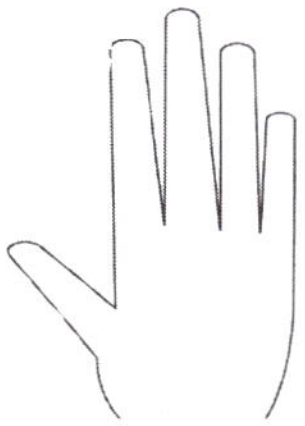

Doigts lisses

DOIGTS NOUEUX. Ils expriment l'ordre, le calme, la rigueur, la méthode, la prudence, la réserve presque méfiante à l'égard d'autrui. Le sujet réfléchit toujours longuement avant d'agir et peut aller jusqu'à se torturer l'esprit jusqu'à ce qu'une solution convenable le satisfasse. Pas toujours bien compris des autres, il ne fait aucun effort pour se faire aimer. Dans le cas de doigts noueux, il faut en outre tenir compte de la façon dont se présentent les articulations.

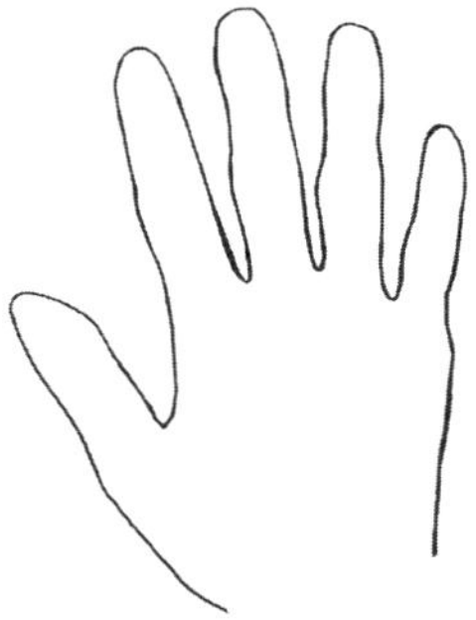

Doigts noueux

ARTICULATIONS PEU APPARENTES. Le sujet est un instinctif qui fait passer l'intuition avant le raisonnement. Non dénué de logique, il agit cependant davantage par impulsion.

ARTICULATIONS TRÈS APPARENTES. Le sujet ne se contente pas des apparences, il a besoin qu'on lui prouve par A + B ce que l'on avance. Le raisonnement, la logique et la méthode sont les seules armes qui lui conviennent. Avec lui, l'improvisation n'a pas lieu d'être.

LEUR SOUPLESSE

Elle représente à elle seule un trait marquant du caractère.

DOIGTS TRÈS SOUPLES. Le sujet ne montre pas beaucoup de force de caractère. Se laisser mener par les autres est un signe de facilité qu'il ne dédaigne pas. Céder plutôt que lutter fait partie de sa philosophie.

DOIGTS SOUPLES. Ils révèlent précisément une grande souplesse d'esprit et une attitude ouverte et conviviale. Le sujet sait utiliser les armes de la persuasion pour convaincre ses adversaires les plus farouches. Plutôt que d'affronter les autres avec agressivité, il préfère les gagner à sa cause par la douceur et l'enthousiasme.

DOIGTS RAIDES. Le sujet n'aime pas être contrarié dans ses vues. Peu lui importe les désirs des autres, ce qui compte avant tout pour lui, c'est la réalisation de ses propres projets. La discussion n'est guère possible et l'opposition impensable.

LEUR IMPLANTATION

La position des doigts par rapport à la paume doit également être considérée.

IMPLANTATION EN LIGNE. Il est assez rare que tous les doigts de la main prennent leur départ sur un même plan, comme si l'on avait tracé une ligne droite à leur base. Néanmoins, lorsque c'est le cas, on peut en déduire que l'on a affaire à un sujet remarquablement équilibré, qui sait faire face aux événements et qui mène sa vie avec beaucoup d'aisance et de confiance. Utilisant à bon escient ses facultés, il semble taillé pour le succès.

IMPLANTATION EN COURBE. On la rencontre chez le commun des mortels. Lorsque chaque doigt suit sa ligne naturelle, en s'abaissant progressivement depuis le majeur jusqu'à l'auriculaire, cela révèle que le sujet jouit d'une personnalité stable. Bien dans sa peau, il sait équilibrer ses penchants et lutter contre le côté négatif des choses.

IMPLANTATION IRRÉGULIÈRE. Lorsque l'index ou le majeur sont implantés plus bas que les autres doigts, cela dénote un déséquilibre. Le sujet n'a guère confiance en ses capacités et ne croit pas en sa valeur. Il cultive, sciemment ou inconsciemment, un complexe d'infériorité qui l'empêche de se réaliser pleinement.

LEUR LONGUEUR

Chacun de nos doigts révèle à sa manière les traits forts de notre personnalité. Aussi leur longueur les uns par rapport aux autres est-elle significative, car elle permet de mettre en lumière un talent particulier. Si l'on peut empiriquement juger de cette longueur par rapport à la paume, le meilleur moyen reste encore de faire appel à un exercice simple qui consiste à allonger au maximum ses doigts vers le poignet, paume de la main tournée vers soi.

DOIGTS PLUS COURTS QUE LA PAUME. Ces doigts-là aiment prendre et traduisent une forte inclination pour les choses matérielles. Attaché aux choses de la terre et attiré par les professions touchant à l'autorité, le sujet préfère les actes aux paroles et l'action à la réflexion. Ce qui le fait passer parfois à côté de détails qui ont leur importance. Peu lui importe, car la plupart du temps son impatience et son impulsivité lui réussissent.

DOIGTS PLUS LONGS QUE LA PAUME. Sans être un pur esprit, c'est ici l'intellect qui prime. Méticuleux, patient et inventif, le sujet va toujours jusqu'au bout de ses idées et de ses réalisations. On peut compter sur lui, même si on lui reproche parfois son naturel trop craintif qui le fait souvent se noyer dans les détails et l'empêche d'appréhender une situation dans sa globalité. Au risque d'impatienter tout le monde, il prend toujours le temps qu'il faut pour apprivoiser ses projets. Peu attiré par la nouveauté, il risque parfois, par excès de prudence, de se retrouver prisonnier de l'immobilisme.

DOIGTS DE MÊME LONGUEUR QUE LA PAUME. Le sujet jouit d'un bel équilibre physique et mental. Il sait joindre l'action à la parole et maîtrise avec beaucoup de finesse toutes ses possibilités.

LEUR POSITIONNEMENT

La façon dont les doigts se présentent a aussi son importance.

DOIGTS COURBÉS VERS LA PAUME. L'avarice est le trait de caractère dominant. Le sujet est envieux et jaloux. Il voudrait s'approprier par n'importe quel moyen ce qui lui fait envie et ne recule devant aucune mesquinerie pour atteindre son but. N'étant doté ni de courage ni de générosité, il met toutes ses actions au service de son égoïsme. Posséder à n'importe quel prix vaut mieux pour lui qu'espérer.

DOIGTS RECOURBÉS VERS LE DOS DE LA MAIN. On a affaire ici à un extraverti généreux et curieux de tout, brillant en société et d'agréable compagnie. Le sujet profite de la vie avec un bel appétit qu'il entend bien faire partager à son entourage. Son seul défaut serait peut-être de gaspiller son énergie à force de vouloir brûler la chandelle par les deux bouts.

DOIGTS NON COURBÉS. Ils révèlent par leur droiture l'honnêteté et le courage. Le sujet est doté d'un esprit clair et sain. Naturellement porté à la pensée positive, il agit en conséquence en prenant ses responsabilités. Attentif et clairvoyant, il préfère suivre sagement le rythme imposé par les événements plutôt que de tout risquer de perdre par excès de précipitation.

LEUR ÉCARTEMENT

L'espacement naturel qui sépare les doigts est lui aussi révélateur. Il suffit pour l'étudier de poser ses mains sur une table en évitant de contracter les doigts pour qu'ils adoptent spontanément leur forme. Généralement, les doigts droits sont bien écartés les uns des autres et les doigts recourbés se touchent. Là encore, il peut arriver que certains d'entre eux soient droits et que d'autres se touchent. D'une manière générale, des doigts très écartés révèlent l'indépendance, alors que des doigts très rapprochés expriment la faiblesse.

ÉCARTEMENT IMPORTANT ENTRE L'INDEX ET LE MAJEUR. Ambitieux, le sujet est indépendant de nature. Il n'aime pas qu'on lui dicte sa conduite, mais ne rechigne pas en revanche à dicter celle des autres. Ses idées un peu trop arrêtées le rendent parfois intransigeant, car il aime décider de tout lui-même.

ÉCARTEMENT MINIME ENTRE L'INDEX ET LE MAJEUR. Le sujet a toujours besoin qu'on lui montre la voie à suivre. Craintif et faible, écoutant toujours l'avis du dernier à parler, il a tendance à calquer sa vie sur celle de ceux qu'il admire, sans tenir compte de ses propres capacités. Son manque d'indépendance l'empêche de se réaliser pleinement.

ÉCARTEMENT IMPORTANT ENTRE LE MAJEUR ET L'ANNULAIRE. Combatif de nature et sûr de lui, le sujet mène sa vie au gré de ses humeurs et de ses impulsions. Il ne laisse jamais les circonstances influer sur son comportement. Il préfère de loin mener le monde à sa façon, ce qui lui réussit parfois.

ÉCARTEMENT MINIME ENTRE LE MAJEUR ET L'ANNULAIRE. D'un naturel velléitaire, le sujet voudrait, rêverait, envisagerait... mais hélas il n'agit pas. Il subit sa destinée plutôt qu'il ne la dirige et se laisse endormir par le poids des habitudes. Sa force d'inertie lui fait perdre un temps précieux.

ÉCARTEMENT IMPORTANT ENTRE L'ANNULAIRE ET L'AURICULAIRE. L'équilibre entre action et réflexion serait presque atteint si le sujet ne repoussait pas sans cesse les limites de ses possibilités. À peine un projet se réalise-t-il qu'un autre est déjà en chantier. Compter ainsi sur soi seul n'autorise pas le moindre faux pas.

ÉCARTEMENT MINIME ENTRE L'ANNULAIRE ET L'AURICULAIRE. Éternellement ballotté entre deux idées, toujours soumis aux circonstances, le sujet rate souvent le coche à force de tergiverser. Plutôt que de s'en remettre aux autres, il ferait mieux de prendre les choses en main et de suivre son naturel.

LA FORME DU BOUT DES DOIGTS

Voici un élément qui nous permet cette fois de savoir comment l'individu qui est devant soi se comporte dans la vie, quels sont ses goûts, ses aptitudes, par quels moyens et de quelle façon il entend se réaliser. Il arrive souvent que les bouts de doigts ne fassent pas partie de la même famille (index et majeur carrés, auriculaire spatulé...). Il faut donc dans ce cas procéder à une interprétation individuelle et faire ensuite une synthèse qui dévoilera toutes les facettes de la personnalité.

BOUT DE DOIGT CARRÉ. À l'évidence, le sujet est un réaliste forcené. Pratique et méthodique, il aime voir chaque chose à sa place et donne une place à chaque chose. Routinier par vocation, et parce qu'il trouve rassurantes les forces de l'habitude, l'originalité a peu d'attrait pour lui. Il prend le temps de réfléchir avant d'agir de façon rationnelle, en ne s'intéressant qu'à un seul projet à la fois. Il met alors tout en œuvre pour le mener à bien et veille à ce que le temps passé soit largement récompensé. Car son plaisir avoué, c'est de s'assurer un confort matériel dont il jouit pleinement. Sans être un pur créatif, il ne manque cependant pas d'une certaine sensibilité, ce qui le rend agréable aux autres, car il est plutôt d'un naturel sociable. En résumé, il sait harmoniser ses penchants pour les choses matérielles et celles de l'esprit.

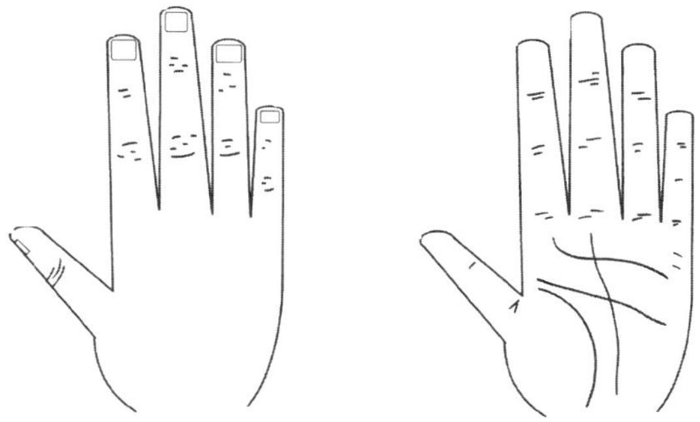

Bout de doigt carré

Les doigts : de grands révélateurs d'aspirations

BOUT DE DOIGT CONIQUE. Le sujet a la tête dans les nuages. Autrement dit, c'est un rêveur, un imaginatif, un contemplatif et un idéaliste. Pour lui, les choses de l'esprit comptent plus que tout. Doté d'une grande intuition, sa délicatesse et son sens esthétique le portent à aimer le beau. Il doit pourtant veiller à vivre pleinement sa vie au lieu de se contenter de la rêver. Doué pour tout ce qui concerne le domaine artistique, il décolle facilement du quotidien pour vivre dans l'imaginaire. Il a alors tendance à se forger des chimères et à multiplier des projets qui ne verront jamais le jour. Il réagit de la même façon envers les êtres qui l'entourent et qui comptent pour lui, car il a besoin que son amour ou son amitié soient payés de retour. Attention, car à trop vouloir mettre tout le monde sur un piédestal, il risque fort d'être déçu. En revanche, tout ira bien si sa sociabilité et son sens de la communication ne l'empêchent pas de réfléchir et de rester objectif. Il pourra alors mener à bien sa tâche en toute sérénité.

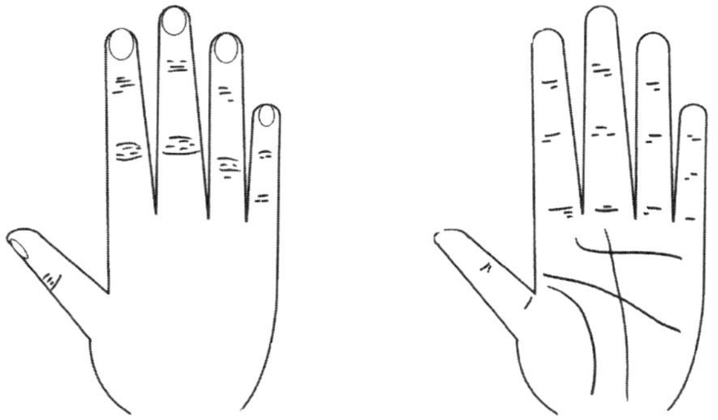

Bout de doigt conique

BOUT DE DOIGT SPATULÉ. L'énergie est incontestablement le moteur de la vie du sujet. Elle lui sert à aller à l'essentiel, sans perdre son temps dans de vaines discussions. Il ne laisse pas beaucoup de place au rêve, car il lui préfère l'action, surtout si elle lui profite financièrement parlant. Toujours prêt à payer de sa personne pour mettre en route des projets qu'il mènera tambour battant jusqu'à terme, il ne prend pas le temps de souffler, se préoccupe fort peu des envies des autres et du fait qu'ils arrivent ou non à le suivre. Il est certes un battant, mais plutôt éreintant pour ses proches. Penser à autre chose qu'à sa petite personne lui permettrait d'être davantage apprécié de son entourage, mais de cela aussi il semble se moquer. Seuls comptent sa réussite et les avantages qu'il peut en retirer.

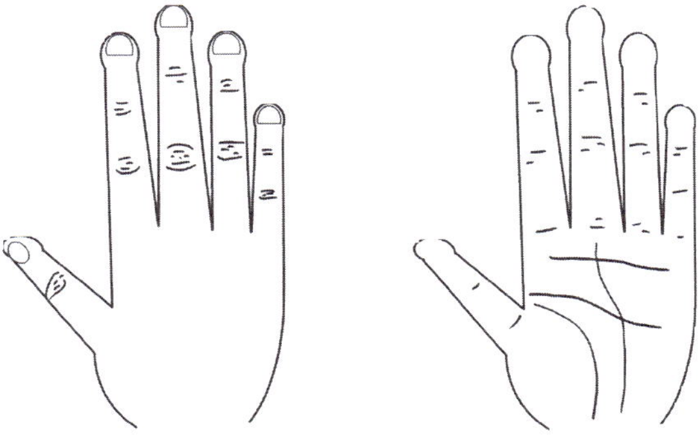

Bout de doigt spatulé

LEURS NOMS ET LEURS CARACTÉRISTIQUES

Chaque doigt porte un nom distinctif emprunté à l'astrologie et aux dieux mythologiques pour exprimer sa personnalité propre. Selon l'importance que prendra un doigt par rapport à un autre, on pourra déduire de quelle façon il influence le sujet et déterminer quelles qualités ou quels défauts ont des chances de prédominer. Il faut en outre tenir compte de la forme et de la longueur du doigt.

L'INDEX : DOIGT DE JUPITER

Caractère dominant : l'autorité.

Symbole de la méfiance, il tire son nom du dieu des dieux de l'Olympe, Jupiter, qui régissait le ciel et la terre. Aussi lui associe-t-on le goût du commandement, l'orgueil et l'ambition. C'est lui que l'on utilise pour montrer du doigt, mettre à l'index. Toujours associé à la victoire, c'est le doigt de la réflexion, de l'action, du contact et de l'autorité pour asseoir sa position sociale.

Sa forme

- Carrée : le sujet sait vraiment ce qu'il veut et ne s'arrête pas avant d'atteindre son but. Il a les pieds sur terre et ne s'impose de faire que ce qu'il peut réussir.

- Conique : l'intuition ne fait pas défaut au sujet qui fait davantage appel à l'instinct qu'à la méthode, car la discipline n'est pas son fort. Cela lui réussit souvent.

- Spatulée : le commandement, encore le commandement, toujours le commandement... Voilà bien un domaine où le sujet excelle.

Sa longueur

Si on le compare aux autres doigts, il doit être plus long que le pouce et l'auriculaire, mais plus court que le majeur et l'annulaire.

- Aussi long que le majeur : l'autorité du sujet dépasse parfois les bornes. Son besoin excessif de dominer a tendance à lui faire oublier qu'il n'est pas seul sur terre. Peu lui importe les moyens employés, du moment que ses objectifs sont atteints de la manière qu'il veut et au moment où il le désire.

- Aussi long que l'annulaire : un brillant avenir s'ouvre devant le sujet, qui d'ailleurs ne manque pas d'ambition. Pour atteindre ses buts, aucun sacrifice, y compris et surtout celui des autres, ne lui semble vain. Né pour commander, il ne sait pas pour autant se faire aimer, ce dont il se moque éperdument.

- Très court : le sujet manque d'audace. Il se laisse submerger par sa timidité.

- Très long : rien ne peut arrêter le sujet lorsqu'il a décidé d'agir.

LE MAJEUR (MÉDIUS) : DOIGT DE SATURNE
Caractère dominant : la vie.

Symbole de sensualité, de sensibilité et de sexualité, il domine largement tous les autres doigts. Doigt de la vie, de l'intelligence, du bons sens, du talent et des efforts fournis pour réussir, il représente le sage qui sait faire la part des choses et attendre l'heure la plus favorable pour avancer. C'est également le doigt choisi par le destin pour imprimer à celui qui le porte la marque de la soumission ou de la volonté face aux êtres et aux choses.

Sa forme
- Carrée : le sujet est plutôt du genre à réfléchir à deux fois avant de se lancer dans une entreprise. Ultra prudent, il essaie toujours d'agir en toute équité.

- Conique : le sujet va toujours au bout de ses idées et on peut lui faire confiance sans aucune arrière-pensée. D'humeur égale, il réagit de façon positive aux événements.

- Spatulée : même quand les choses vont bien, le sujet a tendance à imaginer le pire, et quand elles vont mal, il voit carrément tout en noir. Cet excès de pessimisme le retarde dans sa tâche.

Sa longueur
Comparé aux autres doigts, il doit être le plus long de tous.

- Majeur plus court que l'annulaire : le sujet manque d'objectivité et provoque lui-même les circonstances de sa perte. S'il ne croit pas en lui, il n'y a aucune raison pour que les autres lui fassent confiance.

- Majeur et annulaire de longueur égale : à force de tenter le diable, le sujet pourrait bien finir par le rencontrer. Remettre chaque fois tout en jeu lui fait courir des risques inutiles.

- Majeur beaucoup plus long que l'annulaire : prendre ses rêves pour des réalités n'a jamais permis à quiconque de vivre en paix. Tant que le sujet s'évertuera à courir après des chimères, il ne récoltera que du vent, ce qui n'arrangera pas ses finances.

- Majeur court : un peu d'insouciance ne nuit pas, mais le sujet devra s'astreindre à plus de discipline s'il veut réaliser de grandes choses.

- Majeur long : suivre la voie tracée n'est pas toujours facile, surtout lorsque l'on est un rigoriste qui hésite à sortir des sentiers battus. Lutter avec obstination constitue la meilleure façon de s'ouvrir une brèche vers la liberté.

L'ANNULAIRE : DOIGT D'APOLLON
Caractère dominant : la création.

Symbole des qualités de cœur, du sens artistique et de la beauté, c'est le doigt social par excellence : c'est lui qui porte l'anneau du mariage. Il révèle la créativité et l'intelligence associées à la gloire et à la fortune. Avec lui, aucune fausse note et aucun regret ne sont possibles, car le talent triomphe de tous les obstacles.

Sa forme
- Carrée : l'idée fixe du sujet, c'est bel et bien le confort matériel, mais pas n'importe comment ni à n'importe quel prix. Basé sur le travail et la reconnaissance de tous, il doit être le fruit d'une stratégie mûrement réfléchie.

- Conique : avoir le sens des affaires constitue la première marche à gravir pour atteindre une position sociale privilégiée. Mais jongler avec les chiffres doit aussi être un plaisir pour le sujet qui entend bien profiter de la vie à tous les niveaux.

- Spatulée : le sujet est un brillant causeur qui accumule les succès en société. Rien ne l'émoustille davantage que de captiver l'attention d'un auditoire réputé difficile. Il y réussit avec un talent d'acteur consommé.

Sa longueur
Comparé aux autres doigts, il doit être plus court que le majeur, plus long que l'auriculaire et sensiblement de la même longueur que l'index.

- Annulaire et majeur de même longueur : le sujet a bien raison de tenter chaque fois le tout pour le tout et de jouer sa vie comme un banco. À lui les honneurs et la gloire!

- Annulaire plus long que le majeur : voilà un sujet qui a de l'audace et à qui tout semble réussir. Son inébranlable confiance en lui et sa grande assiduité entretiennent sa bonne étoile.

- Annulaire court : le sujet doit s'armer de patience, car ses talents limités tardent à être reconnus.

- Annulaire long : le hasard occupe une place importante dans la vie du sujet. Il semble se jouer de tout, mais à force de ne rien prendre au sérieux, c'est lui qui finit par ne plus l'être.

L'AURICULAIRE : DOIGT DE MERCURE
Caractère dominant : la parole.

Symbole de l'intuition, c'est le doigt qui parle. Signe de l'attention, il souligne la vivacité d'esprit et le sens de l'éloquence : Mercure était en effet le messager des dieux. Son héritage est une aubaine pour celui qui entreprend d'avoir un métier public, car ici la communication joue un rôle de premier plan. La souplesse et la diplomatie constituent la cerise sur le gâteau.

Sa forme

- Carrée : le sujet est bien meilleur dans la pratique sur le terrain. S'appuyant sur le raisonnement pour tirer ses conclusions, il utilise avec profit toutes les facettes de son intellect.

- Conique : il y a de l'intuition artistique dans l'air. Le sujet est naturellement doué pour les choses de l'esprit et de la création. Cela peut le mener jusqu'au succès.

- Spatulée : difficile de faire tenir le sujet en place. Il passe d'une chose à une autre avec un égal bonheur. Autant dire que son moteur, c'est l'action.

Sa longueur

Comparé aux autres doigts, il est naturellement le plus court.

- Exagérément court : le sujet a toujours quelque crainte à se mettre en avant, comme s'il était encore sous la tutelle de ses parents.

- Exagérément long : indéniablement fait pour la vie publique, le sujet ne se sent à l'aise que très entouré, ce qui lui donne une occasion supplémentaire de briller.

CHAPITRE 4

Les phalanges : des agents de renseignements indispensables

4

Les phalanges correspondent aux os qui «séparent» les doigts en plusieurs sections reconnaissables à leurs traits. De par leur taille et leur épaisseur, elles renseignent avec beaucoup de minutie sur le caractère et le potentiel de chaque individu. Selon qu'elles sont longues, courtes, épaisses ou étroites, et en fonction du doigt sur lequel elles se situent, elles apportent de précieuses indications sur les penchants ou les excès de chacun. Chaque doigt est constitué de trois phalanges séparées par deux traits horizontaux, à l'exception du pouce qui ne comporte que deux phalanges séparées par un seul trait. Mais le pouce est en lui-même un cas particulier dont nous reparlerons plus loin.

LEURS CARACTÉRISTIQUES GÉNÉRALES

La meilleure façon d'examiner les phalanges consiste à tendre les mains, paume tournée vers soi.

PHALANGE SUPÉRIEURE. La première phalange, située près de l'ongle, est appelée phalange supérieure. Elle concerne tout ce qui touche à l'intellect, à l'esprit, aux idées et à la façon de les réaliser par rapport au doigt concerné (le commandement pour l'index, le sens des arts pour l'annulaire...). Selon son importance, elle signe les états d'âme et les prises de position.

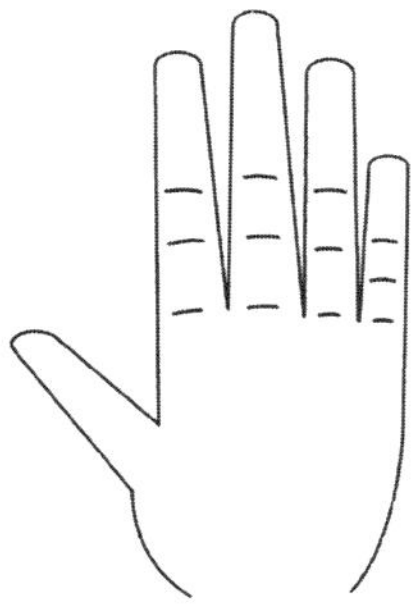

Première phalange ou phalange supérieure

PHALANGE INTERMÉDIAIRE. La deuxième phalange est appelée phalange intermédiaire (ou phalange médiane) en raison de sa position particulière entre la première phalange, dévolue à l'esprit, et la troisième, tournée vers le matériel. Elle concerne les rapports avec autrui, la place que l'on occupe dans la société, la façon particulière que l'on a de réagir face aux événements et aux choses, et la manière dont on réalise ses projets. C'est la phalange des dons cachés ou révélés et des talents dont on dispose.

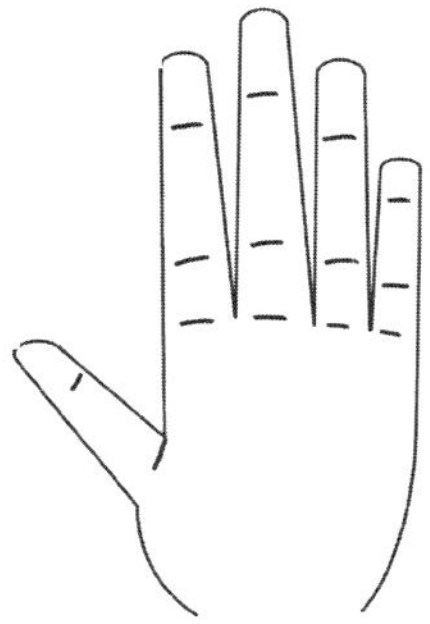

Deuxième phalange ou phalange intermédiaire

PHALANGE INFÉRIEURE. La troisième phalange, liée à la paume de la main, est appelée phalange inférieure. Elle représente le concret, le matériel, le pratique. Ici, ce n'est pas le rêve, mais l'action qui prédomine, l'instinct qui prime sur la réflexion. C'est en quelque sorte le doigt qui concerne le plan corporel et physique, par opposition au plan mental.

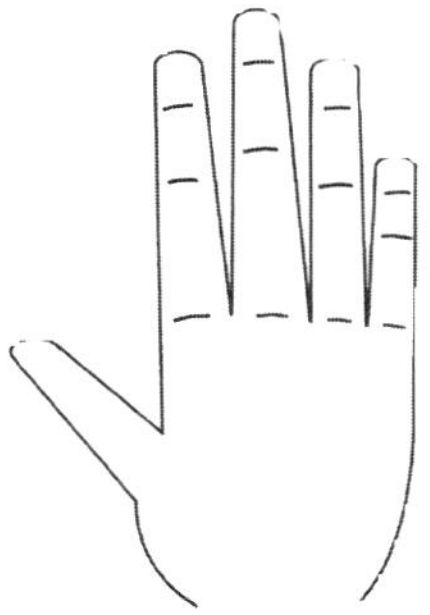

Troisième phalange ou phalange inférieure

LEURS SIGNES PARTICULIERS

Comme nous l'avons vu plus haut, la longueur des phalanges et leur épaisseur renseignent sur le potentiel dont on dispose et la façon de l'utiliser. Autrement dit, l'inné, qui est le capital dans lequel on puise dès la naissance, et l'acquis, que l'on construit soi-même au cours de notre vie. Si l'on veut être le plus précis possible quant à leur interprétation, il faut d'abord considérer les phalanges de façon globale avant de les étudier par rapport au doigt concerné.

PHALANGE SUPÉRIEURE

- Plus longue : l'individu est assurément un pur esprit qui fait passer le spirituel avant le matériel. C'est l'intellect qui domine le sens pratique et les réalisations. Il aimera se consacrer à de grandes causes qui répondent à son besoin de justice et d'honnêteté. Sensible, il sait convaincre les autres, le plus souvent par la douceur. Très affectif, il aime être aimé et se sentir soutenu dans ses idées et dans ses actes.

- Noueuse : à force de trop réfléchir, le sujet s'empêche volontairement d'agir. Il se noie dans les détails et dans de vaines conjonctures, ce qui le conduit à des situations stériles. Son esprit d'analyse tourne à la maniaquerie. Jamais satisfait, on peut dire de lui qu'il cherche toujours la petite bête, ce qui finit par être lassant.

PHALANGE INTERMÉDIAIRE

- Plus longue : le sujet aime l'étude et la recherche. Doté d'une prudence extrême, il n'aime prendre aucun risque, que ce soit dans sa vie professionnelle ou dans sa vie privée. Cela le rend donc toujours prévisible et assez souvent ennuyeux. En dépit de ses qualités de gestionnaire, l'équilibre sera médiocre entre le cerveau, la conception et la réalisation, selon que l'une ou l'autre des phalanges est plus longue ou plus courte.

- Noueuse : les lignes droites, de préférence toutes tracées, et le confort de l'habitude satisfont amplement le sujet qui ne demande pas autre chose à la vie. L'imprévu et ses aléas ne sont pas pour lui. Toute chose doit pouvoir être expliquée et avoir sa place dans un univers d'ordre et de méthode. Autant dire qu'ici, la fantaisie n'a pas cours.

PHALANGE INFÉRIEURE

- Plus longue : rien de plus normal, elle l'est toujours. Anormalement longue, elle dénote toutefois un tempérament d'instinctif. Le matériel prend sans cesse le pas sur la pensée, avec les défauts inhérents à cette dominante excessive. Les appétits physiques se révèlent parfois trop débordants et peuvent même générer une certaine violence lorsqu'ils ne sont pas assouvis. Une grande activité compense le plus souvent ce trop-plein d'énergie difficile à canaliser. Bon vivant, le sujet est cependant apprécié pour son caractère vif et enjoué.

- Noueuse : jamais content, ce type d'individus poursuit sans cesse un but dont il repousse constamment les limites. Difficile à contenter, il tire peu de satisfaction du résultat obtenu, obsédé qu'il est par celui qu'il aurait pu obtenir. C'est dommage, car sa capacité de travail est énorme et il ne rechigne pas à l'ouvrage.

LEURS SIGNIFICATIONS SELON LES DOIGTS

Examinons maintenant chaque doigt et les particularités de ses phalanges.

L'index, doigt de Jupiter

PHALANGE SUPÉRIEURE

D'une façon générale, elle indique la manière dont on mène notre existence ainsi que la philosophie qui la sous-tend. Elle concerne également le développement de l'intuition et les facultés mentales.

- Longue : elle dénote un esprit ouvert et clairvoyant. Le sujet est observateur et attentif, ce qui lui vaut un jugement sûr et rapide par rapport aux choses et aux gens. Il devine et pressent les événements avec une grande justesse. Cela lui permet souvent de devancer les autres et d'être reconnu comme un sage éclairé.

- Courte : ici, le matériel a tendance à primer. Le sujet n'aime que le concret et les certitudes. L'instinct s'efface devant l'appréhension physique des choses. Tout ce qui n'est pas immédiatement utilisable et rentable à brève échéance ne l'intéresse pas. Autoritaire et entier, il doute de tout et de tous, sauf de lui-même, et il accorde rarement sa confiance. Son désir le plus cher : réussir, avec ou sans les autres.

- Mince : l'intransigeance et l'autoritarisme vont de pair. Il est bien difficile de dialoguer avec un tel bloc de glace.

- Épaisse : le plaisir passe d'abord par la jouissance des biens matériels.

PHALANGE INTERMÉDIAIRE

Elle désigne l'ambition et les buts à atteindre, le plus souvent en ne comptant que sur soi-même. Car ici encore, le défaut de la cuirasse, c'est de ne pas croire dans les capacités d'autrui.

- Longue : assurément, le sujet est un commandeur-né. Il sait ce qu'il veut et comment l'obtenir, en jouant sur tous les tableaux pour mettre les autres au service de ses ambitions. Extrêmement énergique, il ne ménage pas sa peine pour aller jusqu'au bout de ses projets et réussir dans ses entreprises.

- Courte : le doute semble être un frein permanent à la réalisation de tous les désirs du sujet. Fatigué par le moindre effort, il lui manque l'énergie physique et morale qui lui permettrait de transformer ses rêves en réalité. Il ne peut s'en prendre qu'à lui-même, car s'il ne fait aucun effort, pourquoi les autres songeraient-ils à l'aider?

- Mince : le sujet a une haute opinion de lui-même et entend bien l'imposer au monde. Il ne doute pas une seconde de sa réussite et met à profit toutes les occasions pour y parvenir. Accomplir brillamment sa destinée ne lui suffit pas; ce qu'il veut en plus, c'est que tout le monde le sache.

- Épaisse : jouisseur dans tous les sens du terme, le sujet aime la vie et tout ce qu'elle peut lui apporter. Tant mieux s'il réussit, mais l'essentiel pour lui n'est pas là. Profiter pleinement des joies de l'existence le satisfait amplement.

PHALANGE INFÉRIEURE

C'est celle de la jouissance, de la bonne humeur et de la convivialité. Elle révèle les bons vivants et imprime la marque du plaisir.

- Longue : elle peut apporter beaucoup sur tous les plans,

qu'il s'agisse de l'amour, toujours passionnel, ou du matériel, extrêmement prospère. Les ambitions professionnelles comme l'affectif semblent n'avoir aucune limite. Le sujet est naturellement un meneur d'hommes.

- Courte : c'est tout le contraire. On dirait que le sujet se limite volontairement dans tout et se contente du peu qu'il a. Il économise son énergie, s'investit peu dans son travail et ne fait guère d'efforts dans le domaine de l'amour. Ce qui compte avant tout pour lui, c'est de ne rien souhaiter qui ne puisse se réaliser, pour atteindre la paix du cœur.

- Mince : on ne peut pas dire que l'on s'amuse beaucoup avec ce genre d'individus. La plupart des plaisirs, même les plus simples, lui semblent vains, et l'originalité apparaît à ses yeux comme le plus terrible des défauts. Le sérieux a du bon, mais poussé à ce point, il se transforme en ennui.

- Épaisse : tout, tout de suite pourrait être la devise de cet impatient boulimique qui ne supporte pas qu'on lui résiste, que ce soit en amour ou en affaires. Plutôt égoïste, il poursuit inlassablement son but à la recherche d'une satisfaction uniquement personnelle.

Le majeur, doigt de Saturne

PHALANGE SUPÉRIEURE

Elle représente le potentiel de l'individu (ses dons et ses capacités) et la façon dont il entend le réaliser. À force de trop vouloir réfléchir, le sujet a souvent tendance à passer à côté de situations qui auraient pu être prometteuses pour lui. S'il redescendait sur terre et considérait les choses avec logique, il y gagnerait en assurance et en joie de vivre.

- Longue : un excès de prudence ne nuit pas, mais quand cela tourne à la méfiance, on en arrive à vivre replié sur soi-même. C'est dommage, car les possibilités sont bonnes et l'énergie ne fait pas défaut. Mais le sujet ne croit pas en lui-même et a trop souvent tendance à broyer du noir.

- Courte : d'une certaine façon, le sujet est équilibré, car, quelles que soient les circonstances, il est satisfait de son sort. Le problème, c'est qu'il se contente de peu et que son acception trop facile des choses ressemble à de la résignation. Davantage d'entregent lui permettrait d'asseoir plus confortablement sa situation.

- Mince : le doute semble hanter le sujet, qui remet tout en cause par manque de confiance en l'avenir. Farouchement individualiste, il défend âprement ses positions et ne s'en remet qu'à lui-même pour prendre des décisions parfois contestables.

- Épaisse : impoli et sans tact, le sujet se soucie peu de froisser la susceptibilité des autres. Il ne fait aucun effort, ni dans ses paroles ni dans ses actes, pour aller au-devant d'autrui. Au contraire, il semble toujours que l'autre soit un ennemi à combattre. Pas étonnant donc que ce côté un peu rustre ne lui vaille pas que des amis.

PHALANGE INTERMÉDIAIRE

Elle concerne les projets et leur réalisation. On se sert de son expérience et d'un savoir-faire acquis au fil des années pour bâtir son avenir. Il s'agit là, en quelque sorte, de tenir son destin entre ses mains.

- Longue : efficace, rapide et sûr de lui, le sujet sait imposer ses vues et donner ses directives. Il a généralement un rôle de meneur et va de l'avant sans se poser trop de questions, ce qui semble lui réussir.

- Courte : l'esprit n'est pas étriqué, mais presque. Il est en tout cas suffisamment limité pour empêcher le sujet d'agir comme il le faudrait. Ce qui le prive de la position qui devrait être la sienne et le condamne à stagner.

- Mince : précis et méticuleux, le sujet aime que toute chose ait une raison d'être. Il ne s'appuie que sur des certitudes et pousse la vérification jusqu'à l'obsession. Autant dire que la décontraction n'est pas son fort.

- Épaisse : tout ce qui est physique et concret convient au sujet. Un rien bourru, il aime les choses simples et la vie au grand air. Tout ce qu'il peut maîtriser lui convient et il laisse peu de place au hasard dans ses activités.

PHALANGE INFÉRIEURE
C'est celle «qui ne croit que ce qu'elle voit». Elle exprime la confiance en soi et le doute par rapport aux autres, le plaisir personnel par opposition à la vie en société. Le sectarisme semble être son maître-mot.

- Longue : ce que le sujet aime avant tout, c'est lui-même. Tout doit passer par lui, tout doit le concerner, tout doit tourner autour de sa précieuse personne. Cela l'amène naturellement à vivre souvent seul.

- Courte : c'est l'amour de l'argent qui domine, mais de façon si excessive qu'il en devient un défaut insupportable. Trop près de ses sous, le sujet ne profite de rien. Peu lui importe, du moment que ses intérêts sont préservés.

- Mince : pour ce sujet-là, rien ne va jamais bien. Plutôt que de voir le verre à moitié plein, il le voit toujours à moitié vide. Même quand la situation est stable, il redoute la catastrophe qui ne peut manquer d'arriver. Le moins que l'on puisse dire, c'est qu'il a tendance à pécher par excès de pessimisme.

- Épaisse : le sens des contacts et l'amour de son prochain font de cet individu un être sociable sur qui on peut compter. Un peu de fantaisie lui serait cependant profitable, car tout considérer avec sérieux n'est pas toujours dynamisant.

L'annulaire, doigt d'Apollon

PHALANGE SUPÉRIEURE

Le sujet rêve la réalité plus qu'il ne la vit. À force de planer au-dessus des contingences matérielles, il finit par tomber de haut lorsque le quotidien le rattrape. Ce qui ne l'empêche nullement de recommencer. Tourné vers les arts, il se console avec tout ce qui est beau.

- Longue : intelligent et esthète par essence, le sujet est doté de remarquables dons artistiques. Et comme il sait utiliser son esprit pour les développer, il devient pour les autres une sorte de phénomène. Ce qu'il apprécie grandement et ce qui satisfait son *ego.*

- Courte : garder la tête sur les épaules au plus fort de la passion convient au sujet. Préférant la simplicité au théâtral, il n'est attiré par l'art que s'il est dépouillé. Un peu plus de décontraction lui permettrait de s'enrichir davantage l'esprit.

- Mince : la seule et unique conviction du sujet tourne autour de la certitude que l'art ne peut qu'engendrer la beauté. Et comme la réussite de la vie est déjà en soi un art de vivre, l'existence lui apparaît plaisante et merveilleuse.

- Épaisse : aimer tous sens en éveil apporte au sujet une incomparable satisfaction émotionnelle. Rien d'étonnant donc à ce qu'il se sente comme un poisson dans l'eau dans tout ce qui concerne les choses de l'esprit.

PHALANGE INTERMÉDIAIRE

Elle représente les alliés, les évolutions et les développements, toujours tournés vers les facultés créatrices. Ici, la logique est au service d'une sensibilité en éveil qui permet au sujet d'exprimer ce qu'il ressent au plus profond de son être.

- Longue : elle révèle les dons artistiques et les efforts accomplis par le sujet pour les concrétiser. Plutôt que de jouer les artistes incompris, il reste à l'écoute du public pour se faire le messager de ses vœux, parfois au détriment même de sa spontanéité.

- Courte : croire en ses dons sans savoir les exprimer n'a jamais été une preuve de talent. Dans le domaine de la création, le travail seul ne suffit pas. Il faut aussi et surtout de l'inspiration, ce qui semble faire défaut au sujet.

- Mince : s'exprimer sans faire aucun effort pour se faire comprendre fait courir le risque d'instaurer avec autrui un dialogue de sourds permanent. C'est précisément ce qui arrive au sujet, souvent incapable de communiquer l'essentiel par souci d'économie d'énergie.

- Épaisse : le sujet fait corps avec le talent; il crée comme on respire. Capable de faire partager son enthousiasme au plus grand nombre, il innove sans cesse, pour le plaisir de tous et pour le sien.

PHALANGE INFÉRIEURE
Ici, les dons ne suffisent pas s'ils ne sont pas accompagnés de satisfaction matérielle. La reconnaissance des autres est insuffisante si le sujet n'en retire pas des bénéfices de façon concrète. Ce qui l'amène parfois à gâcher ses chances.

- Longue : les beautés simples et rustiques ne sont pas le fort du sujet, qui leur préfère et de loin l'apparat, les flatteries et le factice. Il place l'aisance apportée par l'argent au-dessus de tout et ne dédaigne pas à l'occasion de renier ses convictions pour asseoir sa situation.

- Courte : ne pas avoir de talent particulier ni pour le concret ni pour les choses de l'esprit est un grand malheur. On a ainsi très peu de chances de réussir ce que l'on entreprend. C'est, en quelque sorte, gâcher les possibilités offertes à la naissance.

- Mince : vivre en ascète, détaché des biens de ce monde, n'est vivable que si l'on est sincère. Sinon, c'est une véritable torture que de se passer du nécessaire et du superflu.

- Épaisse : le sujet a besoin de posséder pour se sentir exister. Ce qui le conduit parfois à des excès préjudiciables et ne le laisse jamais au repos. Insatiable, il en veut toujours plus et, ne l'obtenant pas, il se retrouve à courir après le vent.

L'auriculaire, doigt de Mercure

PHALANGE SUPÉRIEURE

Elle désigne le sérieux, le goût pour les choses de l'esprit et pour l'étude. Elle exalte les qualités d'observation et de jugement, et fait appel à l'intuition et au sens des valeurs morales.

- Longue : sans être un pur esprit, le sujet est doté de solides facultés mentales qui le font progresser dans tout ce qu'il entreprend. Doté d'un caractère facile, il s'adapte sans difficulté à toutes les situations, ce qui le rend extrêmement populaire auprès des autres.

- Courte : plutôt que de fournir un effort supplémentaire, le sujet préfère renoncer et mettre ses ambitions en veilleuse. Sa propension à la paresse retarde son évolution.

- Mince : brillant et plein de finesse, le sujet sait admirablement s'y prendre pour capter son auditoire. Raffiné même en privé, c'est un être délicat qui puise son plaisir dans la perfection.

- Épaisse : parler plutôt qu'agir, céder à la facilité plutôt que trouver des solutions d'envergure semblent les seules ambitions du sujet qui agit souvent par ruse.

PHALANGE INTERMÉDIAIRE

Elle évoque les domaines publics et sociaux, la facilité d'élocution et d'évolution, la faculté de convaincre, la réalisation de ce qui a sérieusement été mis sur pied.

- Longue : le sujet aime l'argent et sait comment s'y prendre pour en gagner beaucoup. Par chance, son sens du confort ne l'aveugle pas au point de le rendre cupide, ce qui lui permet de mener à bien ses objectifs sans être trahi par son impatience.

- Courte : si le sujet ne réussit pas, c'est le plus souvent par manque d'ambition et de réalisme. Plutôt que de prendre conscience des difficultés pour mieux les contourner, il se contente de jugements hâtifs et erronés. Ses chances d'évolution sont de ce fait moindres.

- Mince : le sujet sait si bien argumenter qu'il arrive à se convaincre lui-même du bien-fondé de ses entreprises. Dommage qu'il se contente de parler sans passer aux actes.

- Épaisse : comme ce ne sont pas les scrupules qui l'étouffent, le sujet a tendance à réaliser ses objectifs, quel que soit le prix à payer. Cela semble d'ailleurs lui réussir.

PHALANGE INFÉRIEURE
Le terre-à-terre est son domaine. Pas question pour le sujet de se forger des chimères; il préfère se contenter d'une honnête réalité sans surprise, même si elle ne lui permet pas d'espérer un brillant développement de ses capacités, plutôt que de se risquer à tout mettre en balance.

- Longue : le sujet est un battant décidé à provoquer la chance pour assouvir ses désirs. Il se trompe parfois d'objectif et a une fâcheuse tendance à mettre la charrue avant les bœufs.

- Courte : serviable et bon enfant, le sujet attire les grâces de ceux qui l'entourent par sa gentillesse innée. Sans se hâter, il poursuit son bonhomme de chemin pour atteindre des objectifs à long terme.

- Mince : le sujet se contente de son destin sans chercher à le modifier. Il préfère se satisfaire de ce qu'il a plutôt que de lutter.

- Épaisse : avide de vivre sans privations, le sujet n'est pas trop regardant sur la façon d'obtenir ce qu'il convoite. Doté d'assez peu d'imagination, il ne s'en sert que par ruse et dans le but unique d'arriver plus rapidement à ses fins.

CHAPITRE 5

Le pouce : un informateur pas comme les autres

5

Situé sur le Mont de Vénus, le pouce est à lui seul le symbole de l'être humain et de son individualité. Signe de fierté, d'indépendance, de volonté et de puissance, le pouce joue un rôle de grande importance et révèle, plus sûrement que n'importe quel autre doigt, les grands traits de notre caractère, nos prédispositions et notre sens logique. Doigt de la connaissance, il est unique en son genre puisque, plus petit que tous les autres, il ne dispose que de deux phalanges. Sans lui, la main serait cruellement mutilée. C'est en effet grâce à sa position, à sa flexibilité, à sa force et à sa mobilité que nous pouvons saisir les objets et utiliser nos mains comme des outils.

SA FORME

Elle indique rapidement et surtout très clairement à quel type d'individus on a affaire. D'une manière générale, les pouces épais révèlent une nature d'acier et un tempérament bien trempé, tandis que les pouces minces reflètent davantage la personnalité en demi-teinte des intellectuels. De leur côté, les pouces noueux expriment audace et ténacité, alors que les pouces lisses sont plutôt le signe d'une nonchalance qui confinerait à la paresse. Mais c'est surtout le bout du pouce qui indique les grandes tendances du caractère.

POUCE CARRÉ. Le sujet se laisse rarement abattre. Doté d'un

caractère plutôt carré lui aussi, il ne se laisse pas facilement marcher sur les pieds, même s'il doit pour cela se disputer avec la terre entière. Autant dire que la diplomatie n'est pas son fort. Ce n'est pourtant pas un rustre pour autant, car s'il réagit assez vivement la plupart du temps, c'est souvent après réflexion et dans l'intérêt général. On peut de toute façon lui faire confiance, car il se révèle loyal et généreux aussi bien dans les affaires que dans les sentiments. Il va toujours jusqu'au bout des choses, sans se détourner des objectifs qu'il s'est fixés.

POUCE CONIQUE. Le sujet manque parfois de volonté et il cherche alors à s'appuyer sur quelqu'un de plus fort que lui. En outre, il ne sait pas toujours se maîtriser aussi bien qu'il le voudrait, car dans son cas l'émotion dépasse souvent la raison. Réagissant de façon impulsive, il se veut le défenseur de grandes causes, même s'il les sait perdues. La logique cède en effet trop souvent le pas à la sensibilité. C'est pourquoi il sera rarement un meneur d'hommes. Le revers bénéfique de la médaille, c'est que cette vive sensibilité engendre à son tour une grande créativité qui lui vaut d'être apprécié par son entourage.

POUCE SPATULÉ. Plutôt entêté et pour le moins autoritaire, le sujet n'aime pas qu'on lui résiste. Il a tant besoin d'action et d'émotions fortes que pour lui tout ce qui est tiède n'existe pas. Lorsque les choses ne vont pas dans son sens, il a tendance à trancher brutalement, quitte à le regretter ensuite. Il menace, tempête et vocifère jusqu'à ce qu'il ait obtenu gain de cause. Le moins que l'on puisse dire de lui, c'est qu'il a du tempérament et qu'il le montre.

SA LONGUEUR

L'on considère que le pouce est court lorsque, comparé à l'index, il arrive tout juste à sa racine. Il est jugé de taille moyenne lorsqu'il la dépasse au moins de moitié et il est dit long lorsqu'il atteint la phalange.

POUCE COURT. Il indique l'aspiration du sujet à la puissance, mais aussi le peu de volonté qu'il déploie pour y parvenir. Il lui manque en effet la ténacité et l'énergie nécessaires pour réussir. Il juge plus facile de ne pas résister et de se laisser guider plutôt que de réagir vigoureusement en donnant l'exemple. Cela le conduit trop souvent à se laisser dominer par ses sentiments et à accepter des contraintes dans le seul but de se faire aimer. C'est dommage, car sa créativité et son originalité lui permettraient d'avoir une situation davantage en accord avec son image et ses aptitudes. Mais il préfère ne rien avoir du tout plutôt que de risquer quoi que ce soit.

POUCE MOYEN. Il symbolise l'équilibre et le bien-être. Le sujet est bien dans sa peau. Ambitieux juste ce qu'il faut, il sait donner une place à chaque chose et considère qu'il y a un moment pour tout. Il sait se montrer gentiment ferme et évite avec beaucoup d'adresse de se laisser marcher sur les pieds. Doué d'un grand sens de l'à-propos, il sait rapidement s'adapter à toutes les situations, sans pour autant y perdre une once de sa personnalité. Il se montre conciliant, sans faiblesse, aussi souvent que cela est possible, mais il est aussi capable de faire preuve d'une juste fermeté lorsque les circonstances l'exigent. En résumé, c'est presque le pouce idéal.

POUCE LONG. La forte personnalité du sujet lui permet de briguer les places d'honneur. Incontestablement bien armé pour affronter la vie, il a tendance à se montrer autoritaire et intransigeant, dominant sans aménité ceux qui lui résistent. On peut lui reprocher de confondre détermination et obstination lorsqu'il désire fortement quelque chose et de puiser sans retenue dans une énergie qu'il croit intarissable. Il oublie trop souvent que sa bonne condition physique n'autorise pas tous les excès, même s'il est de taille à accomplir de grandes œuvres.

SA POSITION PAR RAPPORT À LA MAIN

On peut dire sans se tromper d'une personne qu'elle est équilibrée lorsque le pouce est en harmonie, dans ses proportions, avec le reste de la main. C'est en effet par comparaison avec cette dernière, et pas seulement en le considérant individuellement, que l'on peut définir la force ou la faiblesse du pouce et déterminer ainsi les forces ou les faiblesses de caractère.

POUCE FORT. Lorsque sa taille et la façon dont il se tient donnent une impression de domination par rapport à la paume ou aux autres doigts, on dit de lui qu'il est fort. On peut alors en déduire que le sujet n'est pas du genre soumis et que ses réalisations dépasseront toujours ses espérances.

POUCE FAIBLE. Lorsqu'il semble plus petit et plus fluet par rapport à l'ensemble de la main, on dit de lui qu'il est faible. Le sujet risque dans ce cas de mal utiliser ses talents et de faire mauvais usage de ses possibilités.

Enfin, lorsque le pouce se positionne de telle façon qu'il semble vraiment indépendant du reste de la main, on peut sans erreur possible en conclure que l'on a affaire à quelqu'un de sociable et d'extraverti, alors que lorsqu'il semble rattaché au reste de la main, il s'agit plutôt d'une personne introvertie, portée à la solitude.

SON IMPLANTATION PAR RAPPORT À LA PAUME

L'endroit de la main où se situe le pouce permet de définir son implantation. On considère qu'elle est haute lorsque le pouce semble prolonger naturellement la main en formant un angle aigu avec l'index. On considère au contraire qu'elle est basse lorsque le pouce semble littéralement aller dans une direction contraire en formant un angle largement ouvert — presque droit — avec l'index. Plus l'angle est fermé, plus l'individu risque d'être introverti et replié sur lui-même. Plus il est ouvert, plus le sujet se montrera sociable et communicatif.

IMPLANTATION HAUTE
Le sujet a une intense activité cérébrale. Il se montre créatif et original et n'est jamais à court d'idées. Il trouve toujours une solution adaptée à chaque situation et se révèle même parfois un précurseur plein de génie. Il sait en outre communiquer avec aisance son enthousiasme à ceux qui l'entourent ou qui travaillent avec lui, ce qui le rend précieux à bien des égards.

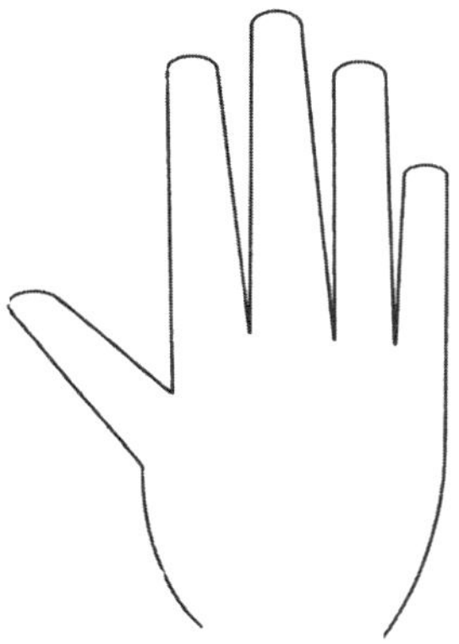

Implantation haute

- Angle de 30° à 45° : c'est la marque d'un manque de volonté et d'égoïsme. Replié sur lui-même, le sujet pense davantage à lui qu'aux autres. Peu sûr de lui, il prête à autrui ses propres sentiments étriqués et sans grandeur d'âme. Rigoriste jusqu'à l'entêtement, il n'attire guère la sympathie.

- Angle de 45° à 90° : c'est un signe d'équilibre et de communication. Le sujet sait à la fois faire partager ses émotions et prendre part au plaisir des autres. Il a une idée très précise de ce qu'il veut, mais il ne l'impose jamais avec brutalité. Bien dans sa peau, il aspire à entretenir avec son entourage des relations chaleureuses.

IMPLANTATION BASSE

Ce qui intéresse avant tout le sujet, c'est l'application concrète d'une théorie, et non pas une course aux idées dans laquelle il s'essouffle vite. Sérieux, logique et combatif, il pousse toujours jusqu'au bout le raisonnement pour gagner ensuite du temps dans l'application pratique. Davantage tourné vers les activités manuelles, il montre un grand savoir-faire dans la réalisation des choses.

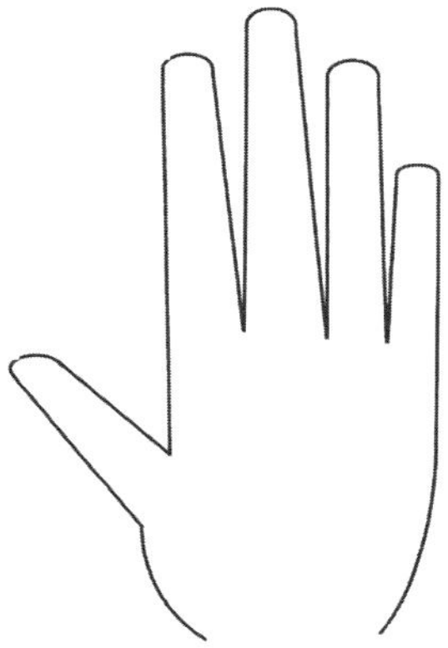

Implantation basse

- Angle de 90° : il indique un caractère indépendant, généreux et une forte personnalité qui pourrait bien faire sortir le sujet des rangs pour le transformer en meneur d'hommes. Il dénote une force de volonté formidable et un besoin constant de réformes. Son penchant à l'expansion le pousse cependant à dépasser trop souvent les bornes.

SA SOUPLESSE ET SA FLEXIBILITÉ

Le pouce est considéré comme rigide lorsque les phalanges supérieure et inférieure semblent former un tout, empêchant alors le pouce de se plier facilement. Il est au contraire considéré comme flexible lorsque la phalange supérieure se recourbe sans difficulté.

POUCE RIGIDE. Rigoureux, peu enclin à la souplesse et discipliné au-delà de la raison, le sujet a une haute opinion de ses idées et n'apprécie guère qu'elles soient contestées. Entêté plus que de raison, il reconnaît rarement ses erreurs et ne fait jamais le premier pas après une dispute. Dur envers lui-même tout autant qu'envers les autres, il adopte parfois une attitude bornée qui met en rage ceux qui l'entourent.

POUCE FLEXIBLE. En cas de difficulté, le sujet réagit toujours avec tact et intelligence. Il sait user de diplomatie pour contourner habilement les obstacles et s'adapte à toutes les situations avec une facilité déconcertante. Optimiste de nature, il se montre conciliant et sait faire siennes les opinions qui lui semblent justifiées. À l'aise partout, il doit pourtant se méfier de ne pas pousser la compréhension jusqu'à la faiblesse.

SES PHALANGES

Contrairement aux autres doigts, le pouce ne comprend que deux phalanges. On peut les étudier dans leur globalité pour avoir une vue d'ensemble ou séparément en considérant leur longueur et leur épaisseur. Ces deux phalanges étant extrêmement complémentaires, on peut dire que le sujet est doté d'un bon équilibre lorsqu'elles sont d'égale longueur. Lorsque la phalange supérieure est plus longue, cela signifie que le sujet, animé par une trop grande confiance en ses capacités, a tendance à agir avant de réfléchir. Lorsqu'elle est plus courte que la phalange inférieure, cela veut dire que la bonne volonté du sujet et ses louables intentions ne lui permettent pas toujours de passer aux actes.

PHALANGE SUPÉRIEURE
Proche de l'ongle, elle représente la volonté, la puissance et l'énergie.

- Longue : elle exprime la confiance que le sujet a en ses capacités, en ses projets et l'énergie qu'il met à les réaliser. Elle révèle son esprit d'initiative, son endurance au travail et tout ce qu'il est capable de supporter pour atteindre ses buts. Prêt à travailler dur et à s'investir pour réussir, il n'écoute pas toujours la voix de la raison. Son autoritarisme se transforme parfois en véritable tyrannie lorsqu'il craint de ne pas atteindre ses objectifs.

- Courte : bourré de qualités, le sujet a plus de facilité à suivre et à obéir qu'à diriger. Il peut donc bien s'épanouir s'il est convenablement dirigé, ce qui n'est pas toujours le cas.

- Mince : le sujet apprécie la compagnie et aime partager les vues d'autrui.

- Épaisse : ici, la volonté prend des allures d'acharnement et la logique cède le pas à l'emportement. Le sujet se révèle être à ses heures un véritable bourreau de travail et bien malin qui peut, à ce moment-là, lui faire entendre raison.

PHALANGE INFÉRIEURE
Elle concerne les facultés intellectuelles et la façon de les utiliser pour réaliser ses objectifs.

- Longue : elle révèle un haut degré de logique, une grande intelligence et un étonnant pouvoir de raisonnement. Doté d'un esprit clair et brillant, le sujet est un remarquable causeur et un infatigable créateur d'idées nouvelles.

- Courte : trop enclin à tergiverser et à s'occuper de détails futiles, le sujet se révèle souvent incapable de se décider et passe ainsi à côté d'occasions qui ne se représenteront pas. Occupé à pérorer dans le vide, il en oublie de réaliser ce dont il parle.

- Mince : le sujet est sentimental, perspicace et doté d'une grande subtilité. Dommage qu'il ne mette pas plus souvent ses facultés de perception au service de son ambition.

- Épaisse : entêté et susceptible au point de faire fi de toute logique dès qu'il s'agit de défendre ses opinions, le sujet sait néanmoins faire le dos rond lorsque son intérêt l'exige.

CHAPITRE 6

Les ongles : des indicateurs de traits de caractère et de santé

6

On sait que les ongles sont les premiers à annoncer des problèmes de santé mineurs : taches, couleurs, stries sont en effet toujours révélatrices d'une déficience passagère de l'organisme, le plus souvent attribuable à des carences. Ce que l'on ignore souvent, c'est que leur forme et leur longueur sont extrêmement parlantes dans l'étude détaillée de la main. Lorsque l'on parle de longueur, il ne faut toutefois pas considérer la partie cornée qui dépasse de la peau : la taille n'est en effet qu'affaire de goût ou de mode. En revanche, la longueur initiale des ongles, qui occupe généralement la moitié de la première phalange, leur taille par rapport aux doigts, leur forme, leur couleur et leur consistance sont très significatives au moment de l'interprétation.

LEUR FORME

Elle est d'une grande importance, car elle est le reflet de notre tempérament. S'il existe une variété infinie de formes d'ongles, on peut néanmoins les regrouper par grandes familles pour étudier les traits de caractère les plus marquants. Selon la catégorie à laquelle ils appartiennent, ils sont qualifiés de longs, courts, larges ou étroits.

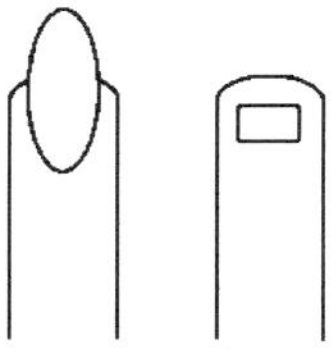

Formes d'ongles

ONGLES LONGS. Ils sont un signe de sociabilité et de coquetterie. L'intuition et l'imagination ne font pas défaut au sujet, qui a parfois du mal à redescendre sur terre. Prenant plaisir à se réfugier dans un monde de rêve, il éprouve cependant certaines difficultés à passer aux actes. Créatif et très sociable, il est de bonne compagnie.

ONGLES COURTS. Ils sont le propre d'un sujet vif, pratique, actif et qui se montre volontiers critique, alors que lui-même ne fait pas toujours grand-chose. Ce qu'il aime avant tout, c'est discuter, avoir raison, imposer ses vues et mettre le doigt sur un détail ravageur. La tête près du bonnet, il s'emporte souvent pour des broutilles, car pour lui tout compte. Travailleur acharné, il se tient toujours sur la défensive, comme si la vie n'était qu'un éternel combat.

ONGLES LARGES. Ils sont le signe de l'épanouissement, de la solidité et de l'équilibre. Le sujet voit la vie du bon côté et entretient son excellente forme physique en se lançant à fond dans l'action. Comprenant mal que tout le monde ne soit pas à son niveau, il aime qu'on le suive et s'énerve si on lui résiste. Fonceur invétéré, il veut toujours être le meilleur et il se dépense sans compter pour atteindre ses buts. Tout ce qui est excessif convient à son tempérament de battant.

ONGLES ÉTROITS. Le sujet est plutôt craintif et n'entreprend rien de peur de tout rater. Il a du mal à aller au bout de ses entreprises et ne fait confiance à personne, surtout pas à lui-même. Le moins que l'on puisse dire, c'est que la vivacité n'est pas son fort et qu'il manque souvent de tonus. Il a tendance à se replier sur lui-même et à ne voir la vie que par le petit bout de la lorgnette.

LEUR COULEUR

On dit d'un ongle qu'il a une couleur normale lorsque celle-ci est légèrement plus claire que la carnation du dos de la main.

Plus les ongles sont pâles, plus ils expriment la langueur. Plus ils sont colorés, et plus ils reflètent un tempérament bouillonnant. Les couleurs les plus révélatrices sont le blanc et le rouge. Elles traduisent le plus souvent une déficience passagère ou des carences en matière alimentaire. En revanche, le beige tirant sur le jaune et le bleu (assez rare) sont l'indice d'un malaise plus profond qui nécessite un conseil médical.

ONGLES TRÈS BLANCS. S'ils apparaissent diaphanes par rapport à la peau, ils révèlent des carences en matière d'alimentation, une tendance au repli sur soi et à l'introvertion. Le sujet se préoccupe peu des autres et fait de sa petite santé morale ou physique une priorité.

ONGLES TRÈS ROUGES. Ils sont le signe évident d'une nervosité mal maîtrisée. Le sujet est un velléitaire qui s'agite mais n'agit pas, et qui calme ses nerfs sur plus faible que lui. Il se laisse néanmoins dominer par ceux qui savent crier encore plus fort que lui.

LEUR CONSISTANCE

Elle dépend certes de la condition physique, mais aussi et surtout de la nature même de l'individu.

ONGLES DURS. Le sujet est bourré d'énergie. Il s'en sert pour mener son entourage à la baguette et n'en faire qu'à sa tête.

ONGLES MOUS. Le sujet aurait une tendance certaine à la passivité et à la nonchalance. Réagir même à son profit lui semble trop souvent un effort insurmontable.

LES LUNULES

Demi-cercles blancs situés à la base des ongles qui les fabriquent, les lunules sont plus ou moins apparentes selon les individus. Elles peuvent être peu perceptibles sur les doigts, mais elles sont généralement visibles sur les pouces. Leur absence ou leur malformation révèlent la plupart du temps un état de santé défaillant, alors que des lunules bien nettes sont le reflet d'une bonne condition physique. Elles dénotent en outre un tempérament serein et équilibré.

CHAPITRE 7

La paume : une véritable mine d'informations

7

Outre les indications contenues dans les fameuses lignes qui la sillonnent, et dont il sera largement question dans la suite de ce livre, la paume de la main renferme des indices qui sont reliés à sa taille, à sa forme et à ses zones. La taille même de ces zones reflète, selon leur positionnement, telle ou telle partie de notre corps ou de notre intellect.

En étroite relation avec notre façon d'agir et de penser, la paume tient en quelque sorte notre vie entre ses lignes et sa morphologie. Selon qu'elle est large ou étroite, selon que le côté pouce est plus développé que le bord opposé (appelé percussion), tout a une signification, tout a un sens, tout révèle à sa manière de quelle façon nous percevons l'avenir et comment nous réagissons par rapport aux événements et aux êtres qui nous entourent.

SA TAILLE

On doit toujours considérer la taille de la paume par rapport à la corpulence et au sexe du sujet. Une main anormalement grande pour une femme de taille moyenne peut paraître ridiculement petite chez un homme robuste. Tout n'est donc ici explicable et significatif que par comparaison. Une main grande par rapport au corps signifie que le sujet a le goût de l'ordre, de la méthode et le souci du détail. Petite, elle révèle un esprit réfléchi qui n'aime guère prendre de risques. De taille moyenne, elle reflète délicatesse et pensée positive. D'une façon générale, lorsque la largeur de la paume semble bien proportionnée par rapport à la taille et à la morphologie, on peut en déduire que le sujet est équilibré.

PAUME LARGE. On la qualifie ainsi lorsque longueur et largeur paraissent quasiment identiques. Sensible, social, ouvert, le sujet est un combatif que rien ni personne ne semble pouvoir arrêter. Plutôt casse-cou, il ose tout entreprendre, faisant du risque une véritable philosophie de vie. Avide de brûler la chandelle par les deux bouts, il se lance à lui-même des défis, juste pour se prouver qu'il est capable d'aller jusqu'au bout de ses idées. Meneur d'hommes plein de charisme, il a le don de faire partager son enthousiasme à ses proches. Honnête et loyal, il se dépense sans compter pour ceux qu'il aime et on peut s'appuyer sur lui en toutes circonstances.

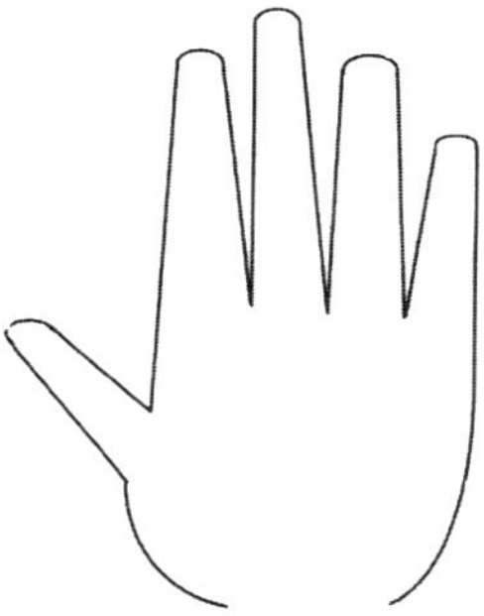

Paume large

PAUME ÉTROITE. Elle ressemble à un rectangle positionné dans le sens de la longueur. Dans ce cas, le sujet n'est pas un boute-en-train mais un introverti, qui puise davantage de joies dans la solitude que dans la communication avec autrui. Réfléchi et attentif aux moindres signes, il analyse, dissèque et conclut avec précision et minutie. Intéressé au plus haut point par sa petite personne, il laisse peu de place aux autres dans sa vie. Esprit trop souvent étriqué, il se renferme dans sa coquille, s'isolant d'un monde qui ne lui convient qu'à moitié.

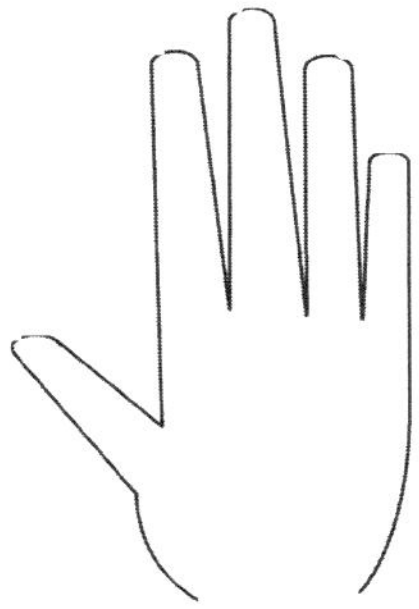

Paume étroite

SA COULEUR

Elle exprime le tempérament du sujet selon l'intensité de la carnation.

PAUME PÂLE ET EFFACÉE, PRESQUE BLANCHE. Elle est le signe de l'intériorisation, du goût de la solitude, de l'égoïsme et du manque de compréhension. Elle dénote un intérêt peu marqué pour la vie en société et l'altruisme.

PAUME ROSÉE. C'est la couleur de la convivialité. Elle reflète l'équilibre du sujet, sa cordialité innée et son besoin naturel de s'entourer.

PAUME ROUGE TIRANT SUR LE MARRON. Elle accompagne l'action et est la marque d'un solide tempérament, parfois exagérément nerveux.

LA FORME DE SA PERCUSSION

On appelle percussion le côté extérieur de la paume opposé au pouce. De sa forme dépendent notre nature instinctive, nos talents et la façon bien personnelle que nous aurons de les réaliser. Elle est également révélatrice du regard que nous portons sur la vie et du comportement que nous adoptons par rapport à notre entourage. La percussion englobe les Monts de la Lune, de Mars Négatif et de Mercure.

PERCUSSION DROITE. Ce type de dessin, lisse et sans aspérités, n'est pas le plus courant, et c'est tant mieux. Un aspect aussi monotone révèle en effet un caractère timoré et restrictif, peu enclin à la recherche et à l'évolution. Difficile à satisfaire, le sujet semble n'avoir aucune passion particulière et vit sa vie comme elle vient, sans trop se poser de questions.

PERCUSSION EN COURBE. Elle peut l'être de deux façons : plus proéminente vers le poignet, elle dénote un goût pour les choses de l'esprit et un sens certain de la communication. Le sujet est cependant un meilleur interprète qu'un créateur. Plus proéminente vers le haut de la main, elle révèle un caractère terre-à-terre qui aime réaliser de façon concrète ses idées.

PERCUSSION ALLANT EN RÉTRÉCISSANT. Lorsqu'elle est plus large vers le petit doigt et qu'elle s'amenuise sensiblement au cours de son trajet vers le poignet, elle est le signe d'un solide tempérament. Fonceur, le sujet ne se sent bien dans sa peau que si ses activités sont multiples. Pour lui, la vie n'a d'intérêt que dans le changement. Attendre passivement que les choses se passent pour goûter un temps de répit n'est même pas envisageable pour lui.

SES DIFFÉRENTES ZONES

Pour bien interpréter la paume, il faut s'intéresser à ses différentes zones. Il convient pour cela de l'étudier en considérant ses divisions successives en deux, puis trois et enfin quatre zones.

DEUX ZONES

Pour les délimiter, il suffit de repérer la ligne qui la traverse à la verticale : il s'agit de la ligne de Chance. Elle naît généralement près du poignet et s'arrête dans le meilleur des cas sous le majeur. La partie située du côté du pouce est dite positive, celle située du côté de la percussion est dite négative.

- La partie gauche concerne l'énergie et les actes, ce que l'on accomplit de façon consciente. Selon sa proportion — prédominante ou non par rapport à la partie opposée —, elle indique l'importance du rôle que le sujet entend jouer dans la vie.

- La partie droite révèle les tendances inconscientes, les facultés mentales et la manière dont le sujet les utilise. Plus importante, elle dénote la force de l'emprise de l'esprit et son influence sur la façon d'agir.

TROIS ZONES
Si l'on imagine maintenant de tracer sur la paume deux lignes horizontales parallèles de façon à obtenir trois parties sensiblement égales, on obtient alors une division homogène et significative qui permet une interprétation plus affinée. Selon la prédominance de chaque zone (que l'on détermine selon la densité des lignes, leur nombre et la densité des signes secondaires), le sujet peut en déduire ses forces ou ses faiblesses dans le domaine concerné.

- La partie inférieure, située près du poignet, concerne les aptitudes physiques. Elle reflète le potentiel énergétique et la capacité du sujet à se réaliser.

- La partie intermédiaire est celle du juste équilibre entre les facultés intellectuelles et les possibilités physiques.

- La partie supérieure représente la façon particulière dont le sujet voit la vie et de quelle manière il réalise les buts qu'il s'est fixés. Lorsqu'elle est très développée, c'est le côté intellectuel qui l'emporte.

QUATRE ZONES
Il s'agit cette fois de tracer deux lignes en croix, l'une verticale

et l'autre horizontale, de façon à obtenir quatre parties sensiblement égales. Dans la pratique, il est assez rare de constater l'existence de quatre zones parfaitement équilibrées. Cela signifierait que le sujet est un être idéal. Dans la réalité, la zone la plus développée (la plus renflée) indique la prédominance d'une tendance sur une autre, selon le domaine concerné.

- Partie supérieure gauche : c'est celle de l'esprit, de la logique et du raisonnement. Forte, elle souligne la volonté de réaliser ses désirs et l'énergie déployée pour y parvenir. Faible, elle dénote le manque d'ambition et le peu de confiance en ses propres capacités.

- Partie supérieure droite : c'est celle de l'intuition et de l'instinct. Forte, elle souligne le côté créatif du sujet et sa sociabilité. Faible, elle dénote une impossibilité de se réaliser dans les domaines de l'art.

- Partie inférieure gauche : c'est celle des facultés physiques et de tout ce qui touche au matériel. Forte, elle souligne le potentiel du sujet et les moyens mis en œuvre pour réaliser ses objectifs. Faible, elle dénote le manque d'énergie et d'entrain pour aller jusqu'au bout des choses.

- Partie inférieure droite : c'est celle du physique et du mental associés. Forte, elle souligne l'intelligence et la finesse d'esprit du sujet. Faible, elle dénote une recherche exagérée du tangible au détriment de l'intuition.

SA CONSISTANCE

Pour déterminer la consistance de la paume, il suffit de la presser avec le pouce (de la main opposée quand on fait l'exercice sur soi). On peut ainsi déduire facilement si elle est dure, molle ou élastique.

PAUME DURE. D'un naturel actif, le sujet a tendance à l'agitation. Nerveux et angoissé, il combat ces traits de caractère en se jetant littéralement dans le travail. Exigeant et intransigeant, il n'apprécie guère qu'on lui résiste. Plutôt conservateur, l'originalité l'effraie. Son aspect bourru dissimule souvent une sensibilité exacerbée, et ce n'est qu'une fois mis en confiance qu'il arrive à se détendre un peu. Ce n'est en tout cas pas la volonté qui lui manque.

PAUME MOLLE. D'un naturel nonchalant, le sujet ne déborde pas d'énergie. Plutôt que de faire des efforts pour acquérir plus de vigueur et affronter les autres à armes égales, il préfère se retirer dans sa tour d'ivoire où il est de toute façon sûr d'avoir raison. Il ne recherche la compagnie que de ceux qui lui sont tout acquis, se fermant aux nouvelles connaissances qui pourraient le faire évoluer, mais aussi le contester. Peu lui importe, car il est assez malin pour trouver toujours à se faire plaindre. On ne peut ni compter sur lui ni lui faire confiance.

PAUME ÉLASTIQUE. Le sujet est un exemple d'équilibre. Réceptif à la nouveauté sans rejeter les valeurs sûres qui ont fait leurs preuves, il fait siennes les idées des autres lorsqu'elles lui permettent d'avancer plus vite. Audacieux mais pas téméraire, il a le goût du risque calculé et de la création canalisée. D'un naturel ouvert et sociable, il se plaît à jouer les médiateurs lorsqu'une difficulté se présente. De bon conseil, on le considère à juste titre comme quelqu'un d'avisé.

L'IMPORTANCE DE SON CONTACT

Une analyse complète de la paume fait également intervenir des facteurs thermiques. Le fait qu'elle soit sèche, humide ou tempérée sont autant d'indications précieuses à ajouter à celles déjà fournies par sa consistance.

PAUME SÈCHE. Le sujet sait intérioriser ses émotions et maîtriser ses élans lorsque les événements le lui imposent. Il domine facilement toutes les situations et s'adapte aux circonstances. Il est plutôt sûr de lui.

PAUME HUMIDE. Nerveux, tendu et anxieux, le sujet a toujours peur de décevoir ou d'échouer dans sa tâche. Souvent timide, il craint le jugement de son entourage et manque de confiance en lui. Il peut également s'agir d'une personne qui a quelque chose à cacher.

PAUME TEMPÉRÉE. À la fois douce et ferme, elle révèle un sujet plein de tact et de délicatesse, attiré par les choses de l'esprit et qui ne craint pas l'activité, du moment qu'elle tourne autour de l'intellect.

CHAPITRE 8

Les Monts : des ramifications de la personnalité

8

Indispensables pour dessiner les grands traits de caractère des individus, les Monts ne sont autres que les élévations charnues situées sur la paume, à la base des doigts (pouce compris) et, comme nous venons de le voir, le long de la percussion. Chaque Mont met en relief un aspect de la personnalité et porte un nom de baptême qu'il partage avec le doigt sous lequel il se situe.

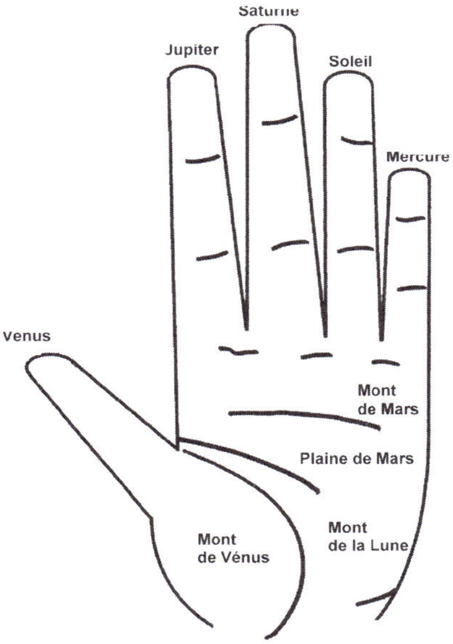

Doigts et Monts

Pour apprendre à les reconnaître, à évaluer leur importance selon la place qu'ils occupent et à les comparer entre eux, il suffit de serrer les doigts les uns contre les autres et de les incliner tous ensemble, paume tournée vers soi. Les Monts apparaissent alors très nettement, de façon plus ou moins renflée selon les tendances principales mises en valeur en fonction de la nature même du sujet, de ses penchants. Leur forme, leur importance et même leur texture sont en elles-mêmes des indications intéressantes au niveau des manques et des besoins de l'individu, de ses qualités, de ses défauts et de l'énergie plus ou moins grande qu'il lui faudra déployer dans le domaine régi par le Mont étudié.

LEUR DÉVELOPPEMENT

Chaque Mont présente une élévation charnue différente. Selon sa taille, son importance et la façon dont il se positionne par rapport à la base du doigt (en son centre ou plus écarté), on considère qu'il est ou non développé. Le plus développé, celui qui apparaît comme étant le plus grand, le plus ferme et le plus charnu de tous, est appelé Mont dominant; c'est lui qui fournira les indices les plus intéressants et les plus marquants de l'évolution de l'individu. Lorsque tous les Monts sont très apparents et semblent comme rembourrés et élastiques, on peut d'ores et déjà dire que le sujet est doté d'une énergie créatrice qui favorise la réalisation concrète de ses désirs. En revanche, des Monts faibles ou plats, voire inexistants, nous indiquent que le sujet manque d'enthousiasme et qu'il ne fait guère d'efforts pour échapper à la monotonie de son existence.

MONT PEU DÉVELOPPÉ. Paraissant mince et décharné comparé à ses voisins, un tel type de Monts révèle une personnalité fade. Le sujet manque nettement de consistance et d'ambition.

MONT PROÉMINENT. Ferme, dur et rembourré, ce Mont traduit une grande richesse intérieure et un fort potentiel de talents divers.

MONT TROP DÉVELOPPÉ. C'est là un signe qui dénote que les défauts et les qualités inhérentes à ce Mont sont poussés à l'excès, ce qui n'est pas toujours profitable au sujet.

LEURS NOMS ET LEURS CARACTÉRISTIQUES

LE MONT DE JUPITER

Situé à la base de l'index, c'est le Mont de la probité. Généralement associé à l'ambition, il est révélateur de l'attitude adoptée face à la vie.

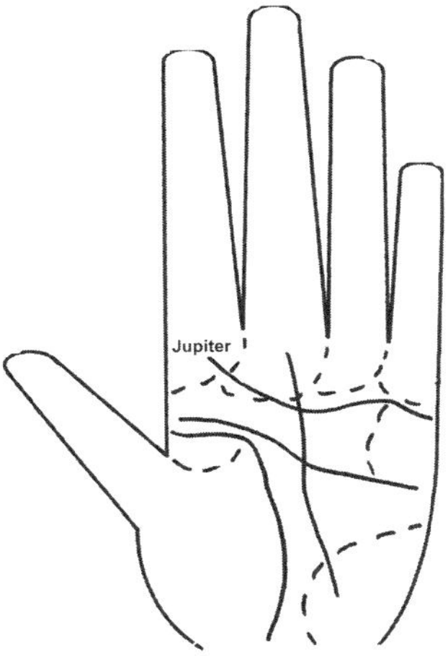

Le Mont de Jupiter

Mont dominant

S'il domine les autres Monts, le Mont de Jupiter imprime alors au sujet son goût pour les honneurs, la réussite, l'ambition et le commandement, qu'il préfère à la richesse. Grand seigneur, le sujet sait pourtant tendre la main à moins chanceux que lui et ne doit sa situation prestigieuse qu'à son seul travail et à son talent. Plutôt honnête, il aime jouir de la vie et il ne s'en cache pas. Très sociable et communicatif, il sait séduire. Doté d'une grande confiance en lui, il n'affiche pourtant aucune vanité excessive. Généreux de nature, il ne fait pas le bien pour qu'on le remercie, mais dans un esprit de justice. La bassesse n'est pas dans son caractère, l'envie non plus.

Mont peu développé
Le sujet n'est guère actif. Sans ambition, il préfère ne rien faire, au risque de ne rien avoir, plutôt que de payer un brin de sa personne. Peu enclin à respecter les valeurs morales, il se forge sa propre loi et fait preuve d'égoïsme en toutes circonstances. Rarement apprécié de ses semblables, il ne fait aucun effort pour leur être agréable et cherche toujours un moyen de transformer les situations à son profit.

Mont normalement développé
Il est le signe d'un sujet équilibré, qui sait jouir de la vie et des joies, même les plus simples, qu'elle lui procure. Attaché au confort matériel, il sait faire les efforts nécessaires pour se satisfaire. Normalement ambitieux, mais pas au point d'écraser les autres, il est apprécié de son entourage, qu'il sait charmer. Attiré par la vie publique, il réussit avec une grande facilité tout ce qu'il entreprend.

Mont trop développé
Cassant, autoritaire et égocentrique, le sujet ne pense qu'à son plaisir personnel. Son orgueil démesuré le pousse souvent à humilier les autres pour asseoir davantage son prestige. Sans scrupules, du moment que cela sert ses intérêts, il n'hésite pas à braver la loi pour obtenir encore plus de puissance et de richesse. C'est le type même de l'arriviste-né.

LE MONT DE SATURNE

Situé à la base du majeur, c'est le Mont de l'imagination. Généralement associé à l'équilibre et au sens pratique, il est révélateur de l'importance des responsabilités pour le sujet.

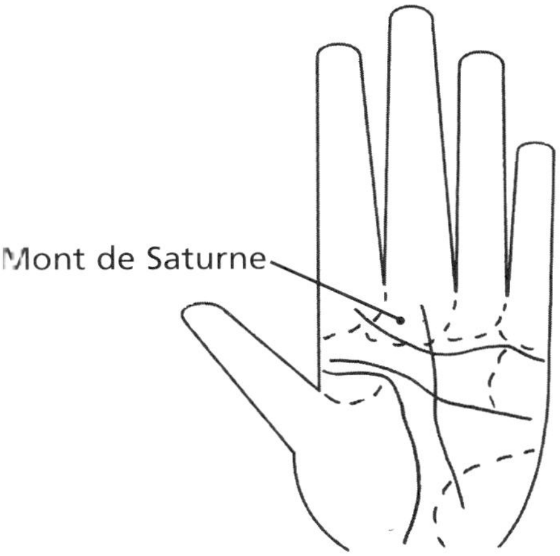

Le Mont de Saturne

Mont dominant

S'il domine les autres Monts, ce qui n'est guère à souhaiter dans le cas du Mont de Saturne, cela signifie pour le sujet : tempérament mélancolique, tristesse sans fondement et tendance au pessimisme le plus noir. Sans excès, il révèle une nature circonspecte et un tempérament introverti. Dans ce cas, ce n'est guère l'enthousiasme qui caractérise le sujet, mais on doit reconnaître que lorsqu'il exploite ses facultés créatrices, il le fait avec beaucoup de talent et un grand professionnalisme. Le hasard n'entre pas dans sa philosophie, pas plus que le risque, même calculé.

Mont peu développé

C'est ici ce que l'on peut souhaiter de mieux au sujet. Il peut en effet y gagner en indépendance et en liberté. La réflexion n'est alors pas stérile ni vouée à l'échec, mais sert plutôt de tremplin pour des projets à long terme.

Mont normalement développé

Il est le signe d'une grande créativité et d'indéniables qualités morales. Sachant concentrer son énergie et ses efforts, le sujet a besoin de calme et de solitude pour atteindre les objectifs qu'il s'est fixés après mûre réflexion. La prudence étant pour lui mère de toutes les vertus, il pèse longuement le pour et le contre avant de se lancer. Philosophe de nature, il a parfois tendance au défaitisme et à la renonciation lorsque les choses ne vont pas dans son sens.

Mont trop développé

Le sujet a un tempérament de moine. Capable de se passer du nécessaire, il a tendance à douter de tout et de tous, et se retire volontairement, car il est maladroit en société. Redoutant toujours une catastrophe, il se protège du malheur en se faisant le plus petit possible. Et du coup on l'oublie, ce qui l'isole encore davantage.

LE MONT D'APOLLON

Également appelé Mont du Soleil, il est situé à la base de l'annulaire. C'est le Mont de la réussite artistique et parfois même de la gloire. Généralement associé à la créativité, il est révélateur d'un amour qui ne se dément pas pour toutes les formes d'art.

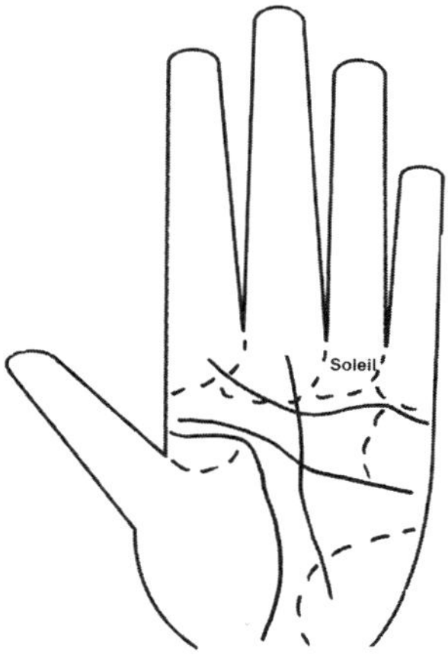

Le Mont d'Apollon ou Mont du Soleil

Mont dominant

S'il domine les autres Monts, le Mont d'Apollon imprime alors au sujet son goût pour l'esthétique et la perfection. Idéaliste et sensible, le sujet supporte difficilement d'être contrarié dans ses vues ou de faire l'objet de critiques qui lui semblent toujours injustes et injustifiées. Exigeant envers lui-même autant qu'envers les autres, il conçoit mal que l'on puisse douter de lui ou de ses capacités. Ce souci permanent de conserver une image parfaite le rend trop souvent vulnérable. Heureusement que ses succès lui font oublier les affres de l'artiste incompris. Intuitif, il sait faire le bon choix au bon moment, ce qui le conduit invariablement à la fortune et au succès.

Mont peu développé
Le sujet n'utilise pas ses dons et tourne le dos à l'art, qu'il ne se sent pas en mesure d'apprécier à sa juste valeur. Il apprécie en revanche au plus haut point les biens terrestres et les acquisitions matérielles. Il gâche ses talents et il s'en moque, du moment que le succès commercial est au rendez-vous. Peu sociable, il n'attire guère la sympathie.

Mont normalement développé
Le sujet est un artiste, un créateur-né. Il aime exprimer son talent et s'attend à ce que son entourage le soutienne sans condition, faisant parfois preuve d'un orgueil démesuré par rapport à son objet. Mais il est si brillant et il réussit si naturellement que l'on finit toujours par lui pardonner.

Mont trop développé
À force de tout vouloir obtenir — la reconnaissance, les honneurs, la fortune et pourquoi pas la gloire et la renommée —, le sujet ne connaît plus ses limites. Il a alors tendance à montrer du mépris envers ceux qui ne lui manifestent pas assez fort leur admiration. Dépensant sans compter pour étaler au grand jour sa puissance, il ne réussit qu'à se faire reconnaître pour ce qu'il est : un orgueilleux.

LE MONT DE MERCURE

Situé à la base de l'auriculaire, c'est le Mont de l'intelligence.

Généralement associé aux relations humaines, il est révélateur de la capacité à réussir en affaires.

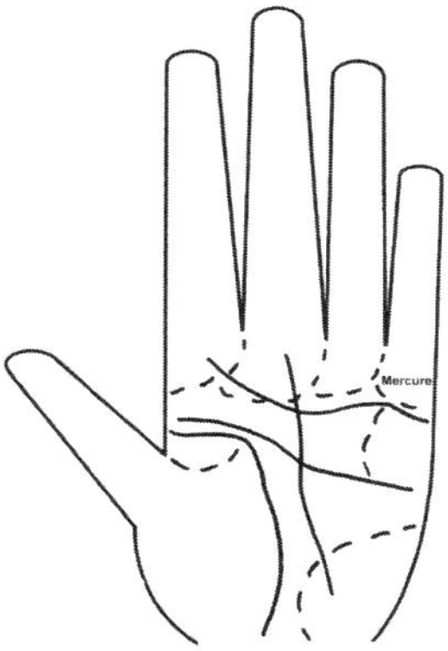

Le Mont de Mercure

Mont dominant

S'il domine les autres Monts, le Mont de Mercure imprime alors au sujet son goût pour la communication, le commerce et tous les métiers ayant trait à l'argent. Inventif, le sujet sait réagir vite et s'adapte à toutes les circonstances comme un vrai caméléon. N'ayant pas peur d'oser et de prendre des risques, il déploie une énergie remarquable pour convaincre les autres et aller jusqu'au bout de ses ambitions. Ce qu'il sait faire avec un art consommé. C'est un être complet à bien des égards puisque, doué pour tout, il réussit le plus souvent ce qu'il entreprend, qu'il s'agisse de culture, d'affaires et même de simples divertissements. Attachant et généreux, il sait se faire aimer.

Mont peu développé

Ne pas trop faire bouger les choses de peur qu'elles se retournent contre soi semble être la philosophie du sujet. Sans désir particulier, maladroit avec les autres, il ne brille ni par sa vivacité ni par la logique de ses raisonnements. Ce qui l'amène inévitablement à assumer des métiers routiniers et peu gratifiants.

Mont normalement développé

Le sujet a l'esprit vif. Il est doté d'une intelligence brillante qui lui permet d'aller vite dans ses raisonnements, dans ses jugements et dans ses prises de décision. Disposant d'une facilité d'élocution et d'un grand sens de l'à-propos, il sait rallier son entourage à sa cause. Les voyages, surtout en avion, sont dans sa nature.

Mont trop développé

Dépasser les bornes pour atteindre ses objectifs ne gêne en rien le sujet, qui ne se distingue ni par sa loyauté ni par son honnêteté. Peu lui importe d'où vient l'argent, du moment qu'il peut en disposer à sa guise. Peu lui importe de tromper autrui, du moment qu'il peut en tirer profit. Excessif, il est capable de tout et même du pire.

LE MONT DE MARS NÉGATIF

Comme nous l'avons vu plus haut, la paume étant divisée en deux par la ligne de Chance, la partie opposée au pouce est considérée comme négative. C'est la raison pour laquelle le Mont de Mars, situé sous le Mont de Mercure le long de la percussion, entre la ligne de Tête et la ligne de Cœur, porte le nom de Mars Négatif, par opposition au Mont de Mars Positif dont il sera question plus loin et qui, lui, est situé du côté du pouce, dans la partie positive.

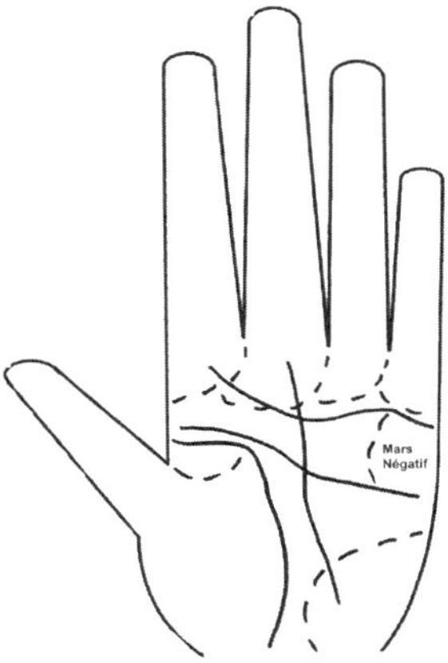

Le Mont de Mars Négatif

Le Mont de Mars Négatif représente la ténacité. Généralement associé au courage, il est révélateur d'une farouche combativité et d'une solide résistance à l'effort. Il reflète l'honnêteté du sujet, son sens des valeurs morales, sa loyauté dans la parole donnée, la continuité de ses idées et de ses opinions, et la patience dont il fait preuve pour aller jusqu'au bout des choses.

Mont peu développé

Le sujet n'exploite pas ses qualités et laisse ses mauvais penchants prendre le dessus. Influençable et opportuniste, il préfère lâcher prise tout de suite plutôt que d'avoir à s'opposer, fût-ce à plus faible que lui. Peu soucieux de s'affirmer, il laisse souvent passer sa chance.

Mont normalement développé

Bien dans sa peau, conscient de ses responsabilités et soucieux de ne pas placer la barre trop haut, le sujet sait prendre les décisions qui s'imposent en veillant à ne léser personne. Très combatif, les obstacles ne lui font pas peur; il montre beaucoup de courage et de ténacité pour les surmonter.

Mont trop développé

Le sujet a tendance à confondre courage et bravoure, ténacité et obstination. À force de vouloir prouver qu'il est capable de tout, il finit par se lancer des défis aussi inutiles qu'irréalisables, mettant ainsi en péril ses acquis sans aucune raison valable. Perdant alors toute logique, son emportement risque de l'entraîner trop loin.

LE MONT DE LA LUNE

Sous le Mont de Mars Négatif, entre la ligne de Tête et la ligne de Vie, se trouve une autre élévation charnue plus importante, qui s'étend de la percussion à la première ligne du poignet. C'est le Mont de la Lune.

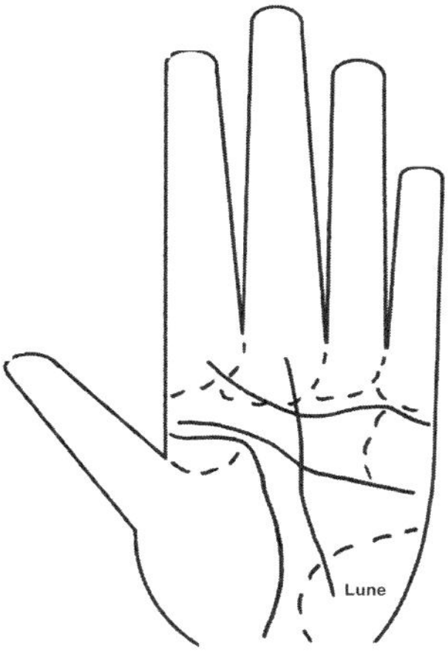

Le Mont de la Lune

Généralement associé aux voyages, le Mont de la Lune est révélateur de l'esprit inventif du sujet. Très romantique, pour ne pas dire romanesque, le sujet aime à croire que tout se réalisera selon ses désirs, comme dans les contes de fées. Doué d'une bonne intuition, il pressent les événements qui lui seront bénéfiques et se montre souvent précurseur dans les domaines artistiques. Il doit cependant veiller à ne pas tomber dans le mysticisme.

Mont peu développé
Se coller à la réalité au point de ne jamais se forger de chimères génère une attitude intransigeante où l'imagination et le rêve n'ont pas leur place. Le sujet se prive ainsi des plaisirs de l'esprit et du cœur, et se confine dans une existence qui manque foncièrement de richesse intérieure.

Mont normalement développé
Il est le signe d'une imagination débridée au service d'une création prolifique. Le sujet se réfugie souvent dans le rêve, qui constitue pour lui une échappatoire bénéfique.

Car n'étant pas toujours sûr de lui, il peut tout oser dans ses rêves les plus fous.

Mont trop développé

Le sujet va trop loin dans ses fantasmes et n'arrive plus à dissocier le rêve de la réalité. Ce qu'il s'imagine est si extravagant qu'il se retrouve déçu et aigri lorsqu'il est obligé de redescendre sur terre. Cette situation a pour effet de le rendre plus irritable et de l'éloigner encore plus des autres.

LE MONT DE VÉNUS

Il se situe entre le pouce et la ligne de Vie, en face du Mont de la Lune, sur le côté positif de la paume. En étroite relation avec le pouce, le plus gros doigt de la main, le Mont de Vénus, par sa dimension et la surface qu'il occupe, est le plus important par rapport aux autres Monts.

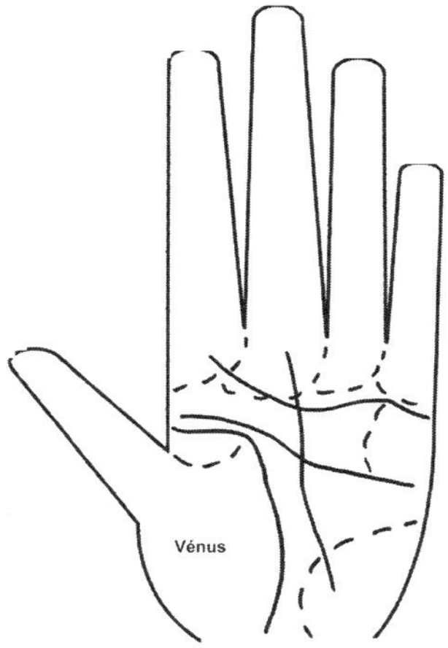

Le Mont de Vénus

Généralement associé à la sensibilité, le Mont de Vénus est révélateur d'une attirance pour l'art et les belles choses en général. Plein de tact et de délicatesse, le sujet désire aimer et être aimé. Raffiné, il se délecte autant à la vue d'un beau tableau que d'une bonne table et savoure tous les plaisirs avec une avidité de gourmand. Enthousiaste et heureux de vivre, il sait faire partager sa bonne humeur à son entourage. Convivial par nature, il recherche la compagnie et se révèle un hôte ou un invité parfait. Son naturel le porte spontanément vers la beauté, la gentillesse et l'amour.

Mont peu développé

Le sujet est frileux dans tous les sens du terme. Il a peur de tout, craint de s'engager, mais comme prendre position l'inquiète tout autant, il ne sait plus que faire. Étriqué et mal à l'aise dans des capacités qu'il ne sait pas exploiter, il se dessèche et perd toute la sensibilité qui faisait son charme. Peu enclin à aller vers les autres, il se replie alors sur lui-même.

Mont normalement développé

Il est le signe de la générosité et de la cordialité. Sensible et sensuel, le sujet sait faire régner autour de lui la grâce et l'harmonie. Doté d'une grande bienveillance, il met tout en œuvre pour que la joie et la concorde soient les moteurs de sa vie. Très attaché aux traditions, il reste toujours proche des siens.

Mont trop développé

À force d'entendre chanter ses louanges, le sujet finit par croire que tout lui est dû. Il a alors tendance à l'égocentrisme et se laisse parfois entraîner sur une mauvaise pente. Il devient source de chagrin pour ses proches, qui ne voient plus en lui qu'un monstre d'égoïsme et de fatuité.

LE MONT DE MARS POSITIF

Il se situe entre le Mont de Vénus et le Mont de Jupiter, entre le pli du pouce et la ligne de Vie.

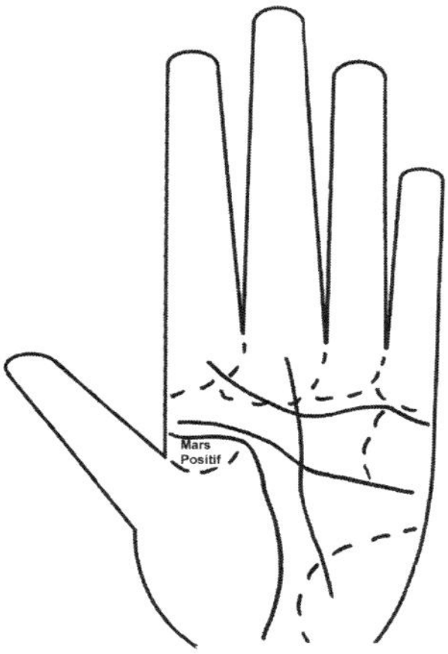

Le Mont de Mars Positif

Généralement associé au goût du combat, le Mont de Mars Positif révèle l'agressivité du sujet et son amour immodéré de la lutte. Il se peut qu'il les utilise dans un but noble - — pour triompher des échecs ou battre des records dans le domaine sportif —, mais le plus souvent, il s'agit d'une attitude générale face à la vie et face aux gens, comme si la terre n'était qu'un gigantesque ring de boxe. On peut cependant lui faire confiance, car il n'a qu'une parole et mettra tout en œuvre pour voler au secours des autres si c'est la mission qu'il s'est fixée.

Mont peu développé

Même si ce n'est pas l'envie qui lui manque, le sujet hésite à montrer de la fermeté et à réagir vivement lorsque la situation l'exige. On ne peut guère compter sur lui, et comme il ne peut pas non plus compter sur lui-même, il se retrouve isolé et sans défense, obligé d'accepter par lâcheté des contraintes auxquelles il ne peut échapper.

Mont normalement développé

Il est le signe de l'intégrité et de la force mise au service du courage. Prêt à faire face à toutes les situations, le sujet déploie une énergie débordante pour aller jusqu'au bout de la tâche qu'il s'est fixée, parfois même seulement pour se prouver qu'il en est capable. Il s'efforce toujours d'entraîner les autres dans son sillage, mais il n'est pas toujours facile à suivre.

Mont trop développé

Coléreux pour ne pas dire colérique, le sujet s'emporte dès qu'il a l'impression qu'on lui résiste. Soucieux d'asseoir son autorité, il n'hésite pas à faire preuve de violence physique ou verbale pour faire plier ceux qui auraient le malheur de s'opposer à lui. Autant dire qu'il est difficilement supportable.

CHAPITRE 9

Les lignes de la main : un vrai réseau routier

9

LES LIGNES PRINCIPALES

Selon leur longueur, leur épaisseur et leur relief, les lignes dessinées sur la paume de nos mains ont ceci de particulier qu'elles peuvent déjà être parlantes au premier coup d'œil (un examen approfondi permettra bien évidemment d'en savoir plus long sur le sujet). Longues ou courtes, fortement ou faiblement tracées, droites ou courbées, elles témoignent de la puissance des événements passés qui ont marqué la vie du sujet et de leur incidence sur son avenir.

On a souvent comparé les lignes de la main à des cartes où seraient inscrits les événements majeurs de la vie. Cette comparaison n'est pas dénuée de sens, mais ne serait-il pas plus juste de dire, compte tenu que l'existence de chacun est si changeante et complexe, que ces traces imprimées dans les mains ressemblent davantage à un réseau routier enchevêtré où les signes qui le jalonnent, tels que les croix, les étoiles ou les multiples traits, sont autant de panneaux de signalisation? Selon les situations, n'intiment-ils pas, à leur façon, l'ordre de ralentir ou d'accélérer, de faire preuve de prudence ou d'audace, de s'arrêter sur l'accotement ou de foncer à toute allure sur une route en parfait état? Car, contrairement à ce que véhicule la croyance populaire, le destin n'est pas inscrit à jamais et de façon indélébile dans les mains. Il se modifie sans cesse en fonction des choix et du processus d'évolution.

Il suffit de les examiner de façon sommaire régulièrement pour s'en rendre compte. On constate alors que ces fameuses lignes paraissent plus claires, plus effacées ou plus tortueuses à certains moments qu'à d'autres. Il ne s'agit là ni d'une illusion d'optique ni d'une vision de l'esprit, mais tout simplement d'une réaction consciente ou inconsciente de l'organisme au déroulement des événements, que l'on pourrait qualifier d'adaptation à son environnement. Ne sommes-nous pas en effet le produit de notre évolution dans un cadre donné?

Analyser ses mains consiste donc à se prémunir et à mieux préparer ce qui risque d'arriver. La suite dépend de ses croyances personnelles : ou l'on choisit de changer le cours des choses pour que la nouvelle réalité s'adapte davantage à nos espérances ou l'on n'y change rien en laissant faire le destin. Tout dépend de nos convictions intimes et de la façon dont on appréhende la vie. Disons tout simplement que ce libre arbitre permet à chacun de choisir la manière dont il veut accomplir sa destinée.

L'IMPORTANCE DES DIFFÉRENCES

Comme nous l'avons vu précédemment, chacune des mains nous renseigne de façon différente et porte en elle des informations variées. Si aucune main ne se ressemble, ce qui fait le propre de la personnalité d'un individu, mentionnons qu'il peut en être de même pour les mains d'un même individu, au premier coup d'œil en tous points semblables.

La main gauche, dite passive pour les droitiers, reflète l'inné, c'est-à-dire qu'elle contient les indications relatives aux événements passés, aux prédispositions naturelles, aux qualités et aux défauts. La main droite, dite dominante pour les droitiers, révèle quant à elle l'acquis, autrement dit de quelle manière on a transformé nos possibilités de départ. Elle parle d'avenir et indique comment on désire mener sa vie selon les possibilités offertes. Ces deux notions sont naturellement à inverser dans le cas des gauchers.

Il faut donc soigneusement étudier les signes de la main droite et de la main gauche en terminant par une comparaison des données obtenues. Voir le signe d'une double union possible à la fois dans la main droite et dans la main gauche prédispose en effet fortement à deux mariages et confirme cette donnée de base. En revanche, des difficultés d'ordre professionnel signalées dans la main gauche alors que la main droite prédit une réussite ne sont pas des signes contradictoires. Cela signifie tout simplement que des obstacles jalonneront la vie professionnelle du sujet et qu'ils ne feront que retarder le succès. Lorsque les signes diffèrent de façon importante et flagrante, cela peut indiquer que le sujet a dépassé grandement ses possibilités initiales (si la situation révélée par la main droite n'était pas au départ inscrite dans la main gauche) ou qu'il lui reste encore beaucoup de choses à accomplir (lorsque les promesses annoncées par la main gauche ne trouvent pas encore leur aboutissement dans la main droite). Ces exemples illustrent bien pourquoi il faut se montrer attentif, patient et méticuleux dans l'étude des lignes de la main et toujours tenir compte des différences exprimées.

LES TRAITS DOMINANTS

Pour faire un examen satisfaisant de ces lignes creusées naturellement dans la peau, il faut considérer chacune de leurs caractéristiques. Une bonne interprétation, qui permettra par la suite une utilisation optimale des possibilités et des qualités révélées, doit tenir compte de leur profondeur, de la netteté de leur tracé, de leur couleur et des multiples signes particuliers qui les jalonnent. Longues, larges, profondes et régulières, les lignes jouent en faveur du sujet et mettent ses qualités en valeur; faiblement dessinées, elles indiquent que sa vie ne sera pas rose tous les jours.

LA LONGUEUR. Reflet des principaux traits de caractère, elle détermine l'importance à donner aux différents signes.

- Ligne courte : elle est révélatrice de faiblesse et amoindrit les possibilités.
- Ligne longue : elle renforce le potentiel que chacun porte en soi.
- Ligne très longue : elle reflète les exagérations et les excès.

LA LARGEUR. Reflet de l'intensité des pulsions du sujet, elle détermine la prédominance ou l'absence de certains traits de caractère.
- Ligne plutôt fine : elle est révélatrice d'un esprit intransigeant qui aime les choses claires, précises et brèves à l'excès.
- Ligne très large : elle renforce une certaine tendance à la nonchalance.
- Ligne très étroite : elle reflète l'économie dans les paroles et dans les actes.

LA PROFONDEUR. Reflet des états d'âme, elle détermine les réactions du sujet face aux événements.
- Ligne nette et profonde : elle est révélatrice des possibilités du sujet et de l'ardeur qu'il met à réaliser les choses.
- Ligne très profonde : elle renforce une certaine austérité dans les sentiments et dans les actes.
- Ligne faiblement tracée : elle reflète un manque selon la ligne concernée (une ligne de Vie faible indiquera une piètre énergie, une ligne de Cœur faible sera le miroir d'une incapacité à aimer, etc.).

LA RÉGULARITÉ. Reflet des aptitudes et des dispositions innées, elle détermine les principales tendances du sujet.
- Ligne droite et continue : elle est révélatrice des qualités et de la façon particulière que le sujet a de s'en servir.
- Ligne très recourbée : elle renforce les possibilités et l'influence directe que ces possibilités auront sur la ligne étudiée.
- Ligne sinueuse et interrompue : elle reflète toujours les ennuis et les imprévus souvent négatifs.

Sachez enfin qu'une ligne simple est généralement signe d'équilibre, alors qu'une ligne dédoublée perd de sa force et amoindrit les caractéristiques dans le domaine concerné.

LEURS NOMS ET LEURS CARACTÉRISTIQUES

LA LIGNE DE VIE

Elle naît entre le pouce et l'index, dessine une courbe autour du Mont de Vénus et se dirige vers le bord du poignet.

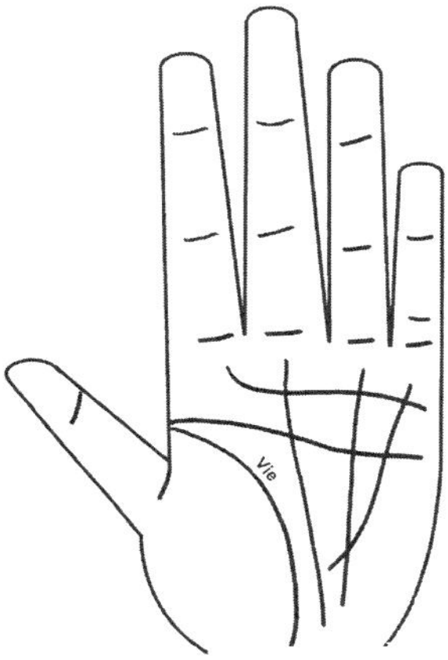

La ligne de Vie

Sa signification

Contrairement aux idées reçues, il ne faut pas attendre de cette ligne qu'elle révèle la durée de la vie. Il est en effet faux de croire qu'une ligne de Vie courte indique une mort prématurée et tout aussi faux de penser qu'une ligne de Vie longue est gage de longévité. Elle est en revanche extrêmement révélatrice du potentiel énergétique et des facultés morales du sujet. Une ligne de Vie interrompue ne signifie donc pas la fin de la vie, mais une baisse de vitalité momentanée, un possible ennui de santé passager ou bien des obstacles. Enfin, lorsque cette ligne s'interrompt, mais reprend son parcours un peu plus loin sur la paume, elle n'est qu'une incitation à la prudence et à la réflexion sur l'évolution que l'on entend donner à sa vie, en tenant compte de nos faibles capacités physiques. Selon sa forme et sa longueur, elle permet en outre de confirmer si le sujet est réellement le timide introverti qu'il prétend être ou, au contraire, l'expansif extraverti qui ne s'épanouit vraiment que sous le regard d'autrui. Elle est également révélatrice de l'égalité d'humeur, de la façon spontanée ou prudente avec laquelle le sujet aborde la vie, de ses réactions dans le quotidien et face à l'imprévu.

Sa forme

La façon même dont elle se présente et la manière dont elle se déroule autour de l'articulation du pouce permettent d'évaluer l'énergie de l'individu et ses capacités vitales. Certaines lignes de Vie forment un grand arc de cercle en suivant bien le tracé de l'articulation du pouce, alors que d'autres ont tendance à obliquer vers le centre de la paume.

- Droite : elle reflète une grande vigueur, mais hélas un manque d'intérêt flagrant pour tout ce qui ne concerne pas directement le sujet, qui affiche ouvertement son égoïsme.

- Arrondie : elle reflète un caractère bien trempé, une nature généreuse et plutôt sympathique qui ne se contente pas de recevoir, mais sait aussi donner.

Son parcours

- Si elle démarre sous l'index : elle est le signe de la volonté et de l'ambition. Le sujet a un tempérament de chef et la réussite semble à sa portée, car ce n'est pas l'énergie qui lui manque.
- Si elle démarre près du Mont de Jupiter : elle est le signe d'un bon équilibre. L'influx nerveux insuffle à l'action l'énergie nécessaire, sans générer de stress.
- Si elle démarre près du pouce : elle est le signe d'un tem-

pérament bouillonnant qui a tendance à confondre énergie et brutalité. Le succès ne vient pas en... se croisant les pouces, mais à la force du poignet.

- Si elle se termine en arrondi vers le poignet : elle est le signe d'un sujet bien dans sa peau.
- Si elle se termine à la verticale vers le poignet : elle est un signe d'un manque d'énergie et d'une certaine tendance au laisser-aller.
- Si elle se termine vers le centre de la paume : elle est le signe d'enthousiasme et de grande excitabilité.
- Si elle se termine vers la percussion : elle est le signe d'un esprit vagabond et d'une vitalité qui a besoin de s'exprimer par le mouvement.

Ses caractéristiques

- Longue : elle révèle un penchant certain pour les joies paisibles et parfois même pour la solitude. Très longue, elle est signe de chance, car le sujet semble pouvoir puiser sans compter dans ses réserves. Il dispose d'une résistance exceptionnelle.

- Courte : en réalité, ce cas est plutôt rare. La plupart du temps, il s'agit d'une interruption de la ligne qui repart dans une autre direction. Elle révèle un changement de vie ou de situation, en tout cas, une tout autre approche de l'existence.

- Large : elle révèle un caractère outrancier. Nul n'étant invincible, il vaudrait mieux apprendre à ménager ses efforts.

- Étroite : elle révèle une certaine faiblesse de caractère.

- Épaisse : elle révèle un caractère emporté, un rien superficiel.

- Fine : elle révèle une bonne gestion de ses capacités et une certaine tendance à s'économiser lorsqu'un déploiement de vigueur semble inutile.

- Très marquée : elle révèle un grand potentiel énergétique. Le sujet est bien armé pour la vie.

- Peu apparente : elle révèle une faiblesse organique (qui condamne tout excès), un brin de paresse et parfois même une timidité paralysante.

Sa couleur
- Semblable à celle la paume : elle indique une bonne maîtrise de son énergie et un tempérament stable.

- Blanche : elle indique une énergie déficiente et un tempérament nonchalant.

- Beige : elle indique un surcroît d'énergie et un tempérament agité.

- Rouge : elle indique un excès des dépenses d'énergie et un tempérament coléreux.

Différence selon les paumes
- Droite : lorsqu'elle affiche une interruption absente dans la paume gauche, il est probable que le sujet devra changer ses habitudes; à force de puiser trop largement dans son potentiel énergétique, il risque en effet d'en subir les conséquences, ce qui ne pourrait que le retarder dans sa tâche.

- Gauche : lorsqu'elle affiche une interruption absente dans la paume droite, elle indique une faiblesse passagère qui disparaîtra à l'âge adulte.

LA LIGNE DE TÊTE

Elle naît également entre le pouce et l'index, et a généralement le même point de départ que la ligne de Vie. Elle traverse la paume et se termine sur le tranchant de la main (ou percussion), sous les Monts de Mars Négatif et de Mercure.

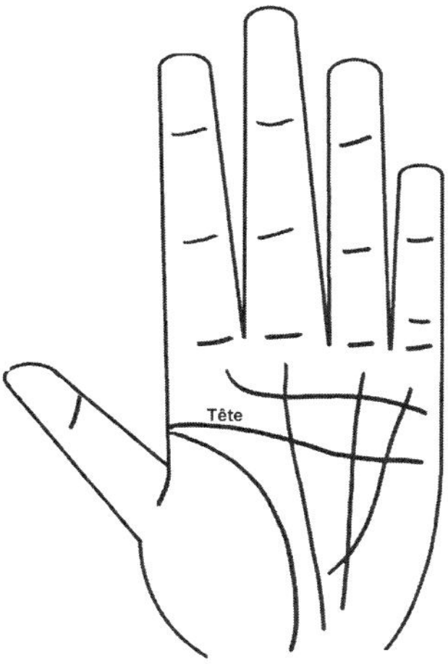

La ligne de Tête

Sa signification

C'est l'une des lignes les plus intéressantes, mais aussi l'une des plus complexes, car elle exprime le moi profond. Comme son nom l'indique, elle révèle tout ce qui concerne la tête, le cerveau, les activités mentales, les tendances psychologiques, l'intellect, la puissance de raisonnement. Elle souligne l'attitude générale face à la vie, la manière d'être et à quelle logique on obéit. Elle est le signe de la nature véritable du sujet. Selon sa longueur et l'importance plus ou moins marquée de son tracé, son épaisseur et son évolution à travers la paume, elle exprime les réactions du sujet face à la vie et de quelle façon il surmonte les obstacles qui se dressent sur sa route. Elle met en lumière les différentes facettes de son intelligence, ses attirances particulières pour tel ou tel sujet, ses réactions, non pas instinctives, mais réfléchies. Elle est également le reflet de l'énergie qu'il dépense pour défendre les causes qu'il estime justes ou les sujets qui lui tiennent particulièrement à cœur. Elle exprime enfin ses capacités et ses talents, ses facultés de concentration et de quelle manière il utilise sa mémoire.

Sa forme

- Droite : elle reflète un esprit pratique qui fait appel à la logique, mais qui manque trop souvent d'imagination. Le sujet est trop attaché aux valeurs communes et craint de bousculer la tradition. À force de se vouloir synthétique et sans faille, il en devient rigide et oublie qu'un intellectualisme bien maîtrisé ne doit pas tuer la spontanéité.

- Arrondie : elle reflète l'équilibre entre raison et sentiments, entre le cœur et l'esprit. Le sujet sait compenser ses faiblesses par d'indéniables qualités humaines. Prêt à lutter de toutes ses forces pour atteindre ses objectifs, il sait montrer de la souplesse et de la compréhension dans ses actes et dans ses paroles.

Son parcours

Généralement, les lignes de Tête et de Vie ont une origine commune avant de se séparer.

- Si elle démarre avec la ligne de Vie : elle est le signe de la prudence et de la réflexion. Le sujet laisse ses intuitions de côté lorsqu'il s'agit de prendre une décision et maîtrise bien ses pulsions.
- Si elle démarre avec la ligne de Vie, mais se sépare d'elle rapidement : d'une nature sensible et équilibrée, le sujet a tous les atouts en main pour réussir. Il contrôle admirablement son enthousiasme pour atteindre ses objectifs au moment qui lui semblera le plus opportun.
- Si elle démarre avec la ligne de Vie, mais reste unie à elle jusqu'au milieu de la paume : spontané dans le cas unique où aucune autre solution ne se présente, le sujet pousse la réflexion à l'extrême. Il a tendance à l'exagération dans la façon qu'il a de brider ses instincts. Trop souvent sa prudence se transforme en méfiance injustifiée et sa timidité l'étouffe. Plus son parcours avec la ligne de Vie est long, plus il a du mal à échapper à l'emprise familiale. Craignant les coups d'éclat, il ronge son frein en attendant parfois très longtemps l'occasion favorable qui lui permettra de s'échapper.

- Il se peut également, mais c'est plus rare, que ces deux lignes aient un point de départ différent, avec un espace plus ou moins large entre les deux, qu'il faut également étudier. Si les deux lignes naissent séparément : le sujet est un intrépide qui ne craint rien ni personne. Doté d'un esprit logique et d'une bonne faculté de réflexion, il oublie parfois ces belles qualités pour faire confiance à son instinct. Ce qui donne à son comportement un caractère parfois chaotique et le fait passer pour un hurluberlu lunatique. Alternant phases intensives de réflexion et impulsivité le poussant à agir de façon inconsidérée, il ne connaît guère le juste milieu. Difficile à suivre, il fait preuve d'une confiance en lui parfois démesurée.
  - Espace large : il est la marque d'un esprit hardi et combatif stimulé par l'audace. Le sujet est stable, généreux, actif. Il n'hésite pas à prendre des risques, même quand la situation ne l'impose pas. Ce qui le conduit parfois à des impasses qui mettent en danger ses chances de réussir. S'il ne canalise pas son énergie débridée et son impulsivité, il court à la catastrophe.
  - Espace étroit : l'esprit lui ressemble malheureusement beaucoup. Le sujet a une façon plutôt étriquée de voir les choses et il a souvent du mal à prendre les décisions qui s'imposent, comme si l'énergie nécessaire lui faisait défaut pour aller jusqu'au bout de ses idées. On a parfois l'impression que son indépendance lui pèse au lieu d'être un atout pour lui.

- Si elle se termine de façon très nette : elle est le signe d'une nature équilibrée et d'un sujet bien dans sa peau.
- Si elle s'interrompt en son milieu : elle est le signe d'un esprit créatif et logique, qui s'appuie sur des données concrètes et objectives pour se réaliser.
- Si elle se termine en fourche sous l'annulaire : le sujet a beaucoup de facilité dans tous les domaines touchant au commerce et à l'argent en général. Il est rationnel, rigoureux et sait se servir utilement de son esprit. Il aime

briller et ne dédaigne pas les louanges et les flatteries qui conviennent à son esprit un peu m'as-tu-vu.
- Si elle se termine sous l'auriculaire : doté d'une intelligence vive, le sujet met beaucoup de force et de vigueur dans ce qu'il entreprend. Il a cependant tendance à se montrer parfois exagérément autoritaire lorsqu'il estime, à tort, que les autres agissent avec trop de lenteur.
- Si elle se termine en remontant vers le Mont de Mercure : sans parler de génie, le sujet dispose d'un fort potentiel intellectuel et énergétique qui lui permet de réaliser presque tout ce qu'il désire.
- Si elle se termine en oblique vers le Mont de la Lune : elle est la marque d'un sens artistique très développé et d'une imagination débridée qui coupe le sujet de la réalité. Le rêve empiète trop souvent sur la vie réelle, empêchant ainsi le sujet de se réaliser.

Ses caractéristiques
- Longue : dépassant la moitié de la paume, elle révèle un sujet au caractère affirmé et persévérant, qui a de la suite dans les idées. Toutes les possibilités sont offertes à cet esprit ouvert et curieux qui préfère l'action mûrement réfléchie à l'improvisation. Plus elle est longue, plus son intelligence est vive et plus son esprit créatif attiré par la variété est au service de l'efficacité. Ses chances de réussite sont grandes, à condition qu'il sache ne pas s'entêter.

- Courte ou très courte, ne dépassant pas le majeur : elle révèle un esprit casanier qui n'aime guère sortir des sentiers battus et qui préfère rester confiné dans ses habitudes. Son manque évident de fantaisie et son goût prononcé pour le réalisme risquent à la longue de le rendre obtus. Uniquement intéressé par les réalisations concrètes qui peuvent lui rapporter, il en devient matérialiste à l'excès. À force de rechercher des preuves tangibles, il risque de passer à côté de ses chances. Plus elle est courte et plus ces tendances négatives sont renforcées.

- Large : elle révèle une fâcheuse tendance à avoir la tête près du bonnet. Le sujet aurait intérêt à y regarder à deux fois avant de se lancer dans des entreprises de toutes sortes.

- Étroite : elle révèle, en dépit des apparences, un sujet audacieux qui ne craint pas d'affronter la difficulté pour atteindre ses objectifs.

- Épaisse : elle révèle un esprit enthousiaste et un fort dynamisme. Alliant la théorie à la pratique, le sujet sait se montrer clair dans son raisonnement et dans la façon d'exprimer ses idées. Généreux, il sait faire appel aux autres et leur insuffler une énergie créatrice.

- Fine : elle révèle un tempérament dépendant et une réflexion dominée par l'instinct. Velléitaire, le sujet échafaude des théories qu'il est incapable de mettre en pratique. Il manque de combativité et de persévérance pour réussir dans ses entreprises. Irréaliste, il a tendance à prendre ses rêves pour des réalités.

- Très marquée : elle révèle un grand pouvoir de concentration, une bonne utilisation de la mémoire et un goût prononcé pour l'autonomie. Le sujet met l'instinct au service de la réflexion et utilise son intelligence de façon pratique, avec parfois une pointe d'autoritarisme.

- Peu apparente : elle révèle un esprit lent qui, à force de réfléchir de façon négative, finit par ne plus agir. Timoré, il craint toujours les conséquences d'une action vive. La spontanéité n'est pas son fort.

Sa couleur

- Semblable à celle de la paume : elle indique de bonnes facultés créatrices.

- Blanche : elle indique une paresse intellectuelle.

- Beige : elle indique une fâcheuse tendance à se torturer l'esprit.

- Rouge : elle indique un esprit bouillonnant pas toujours capable d'ordonner ses idées.

Différence selon les paumes

- Droite : lorsqu'elle affiche une longueur et une force plus importantes que celles apparaissant dans la paume gauche, cela indique que les prédispositions naturelles du sujet sont largement dépassées.

- Gauche : lorsqu'elle affiche une longueur et une force plus importantes que celles apparaissant dans la paume droite, cela signifie que le sujet a gaspillé ses dons et mal utilisé les possibilités qui lui étaient offertes à la naissance.

LA LIGNE DE CŒUR

Elle naît sur le tranchant de la main (percussion), entre les Monts de Mercure et de Mars Négatif, et se termine entre le majeur et l'index.

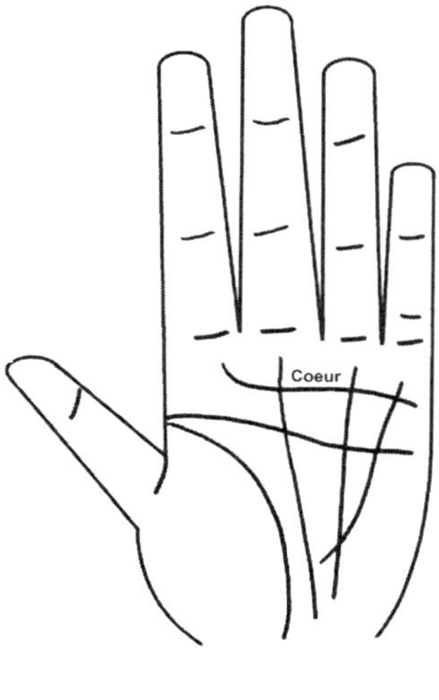

La ligne de Cœur

Sa signification

Elle est le signe incontestable des qualités de cœur, de la sensibilité, de la sentimentalité, de la sexualité et joue sur tous les registres de l'affectif, de la tendresse à l'affection en passant par l'amitié et l'amour. Elle exalte toutes les qualités humanitaires de l'individu en relation avec les émotions et exprime toute la générosité et l'altruisme dont le sujet est capable. Placée très haut sur la paume, il est tout naturel qu'elle soit l'expression de sentiments élevés, de pensées profondes et d'un grand sens de la communication. C'est la ligne de la convivialité, de la sociabilité et de la bonté que l'on met dans ses rapports avec autrui, de l'intensité de l'amour que l'on est capable de donner et de recevoir, que ce soit physiquement ou émotionnellement.

Sa forme

- Droite : elle reflète une grande stabilité sentimentale, une fidélité qui ne se dément pas et une réserve que l'on pourrait prendre parfois pour de la froideur. Excessivement prudent, le sujet a besoin de preuves avant de s'engager, oubliant que l'on ne gère pas les sentiments comme les affaires. Un peu de spontanéité ne nuirait pas à ses relations qui, sinon, risquent de devenir ennuyantes.

- Arrondie : elle reflète une vie sentimentale riche, pleine de promesses et remarquablement équilibrée. Le sujet sait se montrer spontané et généreux tout en appréciant ce que les autres sont capables de lui apporter dans le domaine affectif. Il est donc presque toujours à la hauteur de ses émotions et de sa sexualité.

Son parcours

- Si elle démarre haut sur la paume, vers l'annulaire : elle est le signe d'une grande émotivité. Le sujet se montre presque dictatorial quant à sa conception de l'amour parfait. D'un tempérament passionné, il est très exigeant envers ses partenaires, à qui il réclame une fidélité absolue. Ayant tendance à trop idéaliser, il est forcément souvent déçu.

- Si elle démarre bas sur la paume, vers le Mont de Mars Négatif : elle est le signe que sans être indifférent, le sujet a une bonne maîtrise de ses sentiments. Influencé par la ligne de Tête, il ne perd pas facilement le contrôle de lui-même et se fait un devoir de réguler ses émotions. Modérée, cette tendance permet au sujet de jouer sur tous les tableaux, mêlant habilement intellectualisme et affectif. Mais lorsqu'elle est poussée à l'extrême, cette même tendance confine à la froideur et à une certaine sécheresse des sentiments.

- Si elle se termine entre le majeur et l'index : elle est le signe que le sujet est prêt à donner beaucoup et à recevoir tout autant. Il a besoin d'une grande constance dans ses relations avec autrui et se révèle extrêmement fidèle, aussi bien en amour qu'en amitié. Préférant les actes aux paroles, il sait communiquer les preuves de son attachement avec énormément de délicatesse.
- Si elle se termine à la base de l'index : elle est le signe que le sujet ne se laisse pas prendre au piège des apparences; il attend d'abord des preuves de fidélité avant d'accorder son amitié ou son amour. Très idéaliste, il connaît ses faiblesses et cherche avant tout à n'être pas déçu.
- Si elle se termine sous le Mont de Jupiter : elle est le signe que le besoin affectif du sujet ne connaît pas de limites. Toujours prêt à succomber à la grande passion de sa vie, il s'étonne que son amour ne soit pas toujours payé de retour. Sans tomber dans l'excès contraire, un peu de réalisme dans ses relations ne nuirait certainement pas.
- Si elle se termine par une fourche : elle est le signe d'une grande chance, car le sujet bénéficie des qualités communes de la raison et du cœur. Il jouit à la fois d'un romantisme qui lui permet de s'épanouir pleinement et d'un esprit fin et vif qui le rend populaire et incite ses amis à rechercher sa compagnie.

Il faut enfin, avant d'analyser ses caractéristiques propres, évaluer l'importance du quadrangle qu'elle forme avec la ligne de Tête. Le quadrangle n'est autre que l'espace compris entre les lignes de Tête et de Cœur, à l'exception des Monts de Jupiter et de Mars Négatif.

- Espace régulier et de taille moyenne : il révèle un sujet stable et équilibré qui sait faire la part des choses.
- Espace large : il révèle un caractère individualiste. Le sujet considère ses seules idées comme justes, ce qui le conduit à commettre des imprudences dont il se repent. Il devrait faire appel à la raison plutôt que d'agir sur des coups de tête à répétition.
- Espace étroit : il révèle un manque d'envergure, un esprit borné et étriqué. À force de peser le pour et le contre, et de se méfier de tout le monde, le sujet se débat seul devant les difficultés.

Ses caractéristiques

- Longue : lorsqu'elle s'arrête près de l'index, elle révèle d'extraordinaires qualités de cœur. Le sujet est indéniablement fait pour l'amour et les sentiments. C'est un bonheur de l'avoir dans sa vie. Lorsqu'elle traverse toute la paume, le sujet a tendance à aller trop loin et à croire que son énorme propension à aimer n'a pas de limites. Cela le conduit à négliger ses proches pour courir après d'improbables satisfactions.

- Courte : elle atteint à peine le majeur et révèle un cœur davantage prêt à recevoir qu'à donner. Le sujet fait trop souvent passer la raison avant les sentiments et s'efforce, contre vents et marées, de garder la tête sur les épaules. L'amour ne se contentant pas de sentiments tièdes, il a tendance à s'éteindre. Par excès de prudence, le sujet perd alors les personnes qui comptaient pour lui. Il aurait bien tort de s'en étonner. Mais peut-être cela lui convient-il?

- Large : elle révèle une tendance à papillonner. Le sujet croit pouvoir distribuer son affection, comme si son cœur était un réservoir sans fond. Il est tout étonné lorsque le moment de faire un choix est arrivé.

- Étroite : elle révèle une certaine froideur dans les sentiments, une réserve poussée à l'extrême. À force de peser le pour et le contre, le sujet en arrive à ne plus savoir puiser dans la richesse de ses émotions.

- Épaisse : elle révèle que le sujet n'est pas stable émotionnellement. Insatisfait de nature, il croit toujours que c'est ce qu'il ne possède pas encore qui lui conviendrait le mieux. D'où sa quête perpétuelle et sa course après l'inutile.

- Fine : elle révèle un tempérament plein de tact et de délicatesse. Le sujet a si peur d'être déçu qu'il refuse parfois d'aller plus loin dans ses relations. Il passe peut-être ainsi à côté de sa chance.

- Très marquée : elle révèle un puissant réservoir émotionnel. Le sujet a tendance à se laisser guider par ses sentiments et, dans la fougue de ses élans, il perd souvent la raison, ce qui imprime à sa vie un aspect désordonné. Très spontané, il met beaucoup de cordialité dans ses relations avec autrui. Son défaut serait de multiplier ses relations à l'excès.

- Peu apparente : elle révèle un assujettissement trop important du sujet à ses sentiments. Il subit plutôt qu'il ne vit son existence affective et dépend si totalement de son partenaire qu'il finit par en être prisonnier. L'amour est davantage pour lui une source de tracas que d'épanouissement, et il entretient avec autrui des relations très difficiles en raison de sa trop grande affectivité.

Sa couleur

- Semblable à celle de la paume : elle indique que les qualités de cœur sont indéniables.

- Blanche : elle indique une certaine sécheresse dans les sentiments.

- Beige : elle indique une affectivité jamais satisfaite.

- Rouge : elle indique la violence des sentiments et la passion dans les relations.

Différence selon les paumes

- Droite : lorsqu'elle affiche une irrégularité et un dédoublement absents de la paume gauche, cela indique que la vie a transformé le caractère du sujet. Sa fidélité initiale a laissé place à un goût plus prononcé pour les relations éphémères.

- Gauche : lorsqu'elle affiche une irrégularité et un dédoublement absents de la paume droite, cela signifie que les tourments et les affres connus depuis l'enfance disparaîtront à l'âge adulte.

LA LIGNE DE CHANCE

Également appelée ligne de Fortune, elle naît près du poignet, traverse la paume de façon verticale, coupe la ligne de Tête et parfois de Cœur, et se termine dans le meilleur des cas sous le majeur. Précisons tout de suite qu'une telle longueur n'est guère courante.

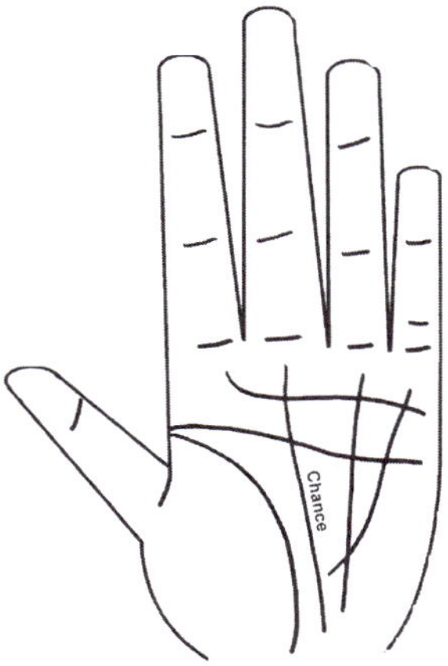

La ligne de Chance

Sa signification

On la considérait naguère comme le signe d'un destin immuable. Serpentant la paume à la frontière des côtés positif et négatif, actif et passif, elle représente en réalité les possibilités matérielles du sujet, son avenir professionnel, ses chances et la façon particulière qu'il a de les concrétiser, mais aussi ses échecs et la manière dont il les appréhende. Dépassant son rôle indicateur de bonne ou de mauvaise fortune, elle est en quelque sorte le catalyseur et l'arbitre du déroulement de la vie de chaque individu. Elle indique les grandes orientations prises ou à prendre, l'attitude générale vis-à-vis des événements concernant notamment l'argent et les biens matériels, les efforts fournis pour asseoir sa position sociale et la façon d'assumer ses responsabilités. Elle est révélatrice de la personnalité, du caractère et du degré de pessimisme ou d'optimisme du tempérament. Il peut arriver que cette ligne soit partiellement ou totalement absente de la main. Cela ne signifie pas pour autant un manque de chance pour le sujet qui, fort d'un vaste libre arbitre, d'un très grand sens de l'indépendance et d'une façon personnelle d'imposer sa volonté aux événements et aux choses, arrivera à goûter les joies de la réussite. Désireux de vivre sans contraintes, le sujet ne veut dépendre de rien ni de personne et refuse ce qui pourrait lui être imposé par des valeurs qu'il ne reconnaît pas comme siennes.

Sa forme

- Droite : le cas est relativement rare. Elle reflète une existence que l'on dirait entièrement tracée. Le sujet devra dans ce cas faire beaucoup d'efforts pour maîtriser un destin qui le condamne de prime abord à l'inertie.

- Onduleuse, interrompue ou fragmentée : elle reflète un manque de sérieux dans les actes. Le sujet change souvent de direction et n'emploie pas toujours les moyens les plus simples pour atteindre son but.

Son parcours

Elle peut commencer en différents endroits de la paume et même sur une autre ligne.

- Si elle démarre vers le poignet pour s'arrêter sous le majeur : elle est le signe que le sujet est marqué par la chance. Sa prospérité matérielle est assurée.
- Si elle démarre vers le Mont de la Lune : elle est le signe d'un esprit créatif qui ne manque pas d'intuition. Doté d'excellentes qualités humaines, le sujet a tous les atouts pour réussir, aussi bien dans sa vie publique que dans sa vie privée. Généralement bien servi par la bonne fortune, on peut dire de lui qu'il a de la chance.
- Si elle démarre vers le Mont de Vénus ou à l'intérieur de la ligne de Vie : elle est le signe de l'importance de l'affectif par rapport au matériel. Le sujet est davantage porté à développer les valeurs morales et familiales qu'à faire carrière. Le succès attribuable à ses grandes capacités est pourtant au rendez-vous.
- Si elle démarre au milieu de la paume : elle est le signe que le sujet, à condition de bien utiliser ses chances, sera apte à faire face à ses responsabilités. Un changement bénéfique l'attend vers le milieu de sa vie. Il s'épanouira alors pleinement, sans avoir à fournir de véritables efforts d'adaptation.
- Si elle démarre vers la ligne de Tête : elle est le signe d'une réussite tardive. Il s'agit davantage d'un succès d'estime venant couronner les facultés intellectuelles du sujet que d'un véritable succès matériel.

- Si elle se dirige vers l'index ou le majeur : elle est le signe d'un bel appétit pour toutes les choses de l'argent. Réaliste, le sujet met toutes les chances de son côté pour parvenir à la réussite matérielle.
- Si elle se dirige vers l'annulaire : elle est le signe d'une attirance particulière pour les choses de l'esprit et toutes les formes d'art.
- Si elle se dirige vers l'auriculaire : elle est le signe d'un

esprit inventif qui préfère la pratique à la théorie. Le sujet aime l'ordre, la méthode et les sciences exactes.

- Si elle se termine vers la ligne de Tête : elle est le signe de périodes successives de malchance, en partie attribuables à l'irresponsabilité du sujet qui manque souvent du plus simple bon sens.
- Si elle se termine vers la ligne de Cœur : elle est le signe que le sujet dilapide ses chances. Son manque d'énergie et son pessimisme latent le condamnent à lutter contre l'adversité.
- Si elle se termine vers l'index : elle est le signe d'un fort potentiel et de la réalisation de ses désirs. Ambitieux, le sujet met toutes les chances de son côté pour réussir.
- Si elle se termine vers le majeur : elle est le signe d'une grande aisance et d'un confort matériel assuré. S'il fait bon usage de ses capacités, le sujet n'a aucun souci à se faire. Il devra toutefois veiller à ne pas dévier des objectifs qu'il s'est fixés et à économiser ses forces pour être en mesure d'assumer jusqu'au bout ses responsabilités.
- Si elle se termine vers l'annulaire : elle est le signe d'une brillante destinée tournée vers des activités éminemment culturelles.
- Si elle se termine vers l'auriculaire : elle est le signe d'une puissante intuition et d'un instinct sûr au service d'un esprit ouvert.
- Si elle se termine en fourche : elle est le signe d'une réussite exceptionnelle et glorieuse.

Ses caractéristiques
- Longue : elle révèle une grande ténacité et beaucoup d'objectivité dans la manière de mener sa vie. Le sujet réalise le plus souvent ses objectifs.

- Courte : elle révèle un manque de confiance dans ses propres capacités. À la moindre difficulté, le sujet est proche du renoncement.

- Large : elle révèle une destinée difficilement contournable. Le sujet devra insuffler beaucoup d'énergie à ses actes pour vaincre la fatalité qui semble s'acharner sur lui.

- Étroite : elle révèle une fragilité dans la construction des choses. Les objectifs réalisés semblent toujours ne tenir qu'à un fil.

- Épaisse : elle révèle un tempérament de gagneur assujetti aux circonstances. Le sujet sait cependant faire contre mauvaise fortune bon cœur, et cela lui réussit fort bien.

- Fine : elle révèle une marge de manœuvre très étroite. Le sujet doit échafauder de nombreux plans pour atteindre à la force du poignet une réussite provisoire.

- Très marquée : elle révèle un profond désir de réussir. Le sujet sait ce qu'il veut et il est tout à fait en mesure de réaliser ses projets. Il s'en donne les moyens et ne ménage pas sa peine pour y parvenir.

- Peu apparente : elle révèle le côté éphémère de la chance, changeante par définition. Le sujet est lui aussi inconstant; il manque de rigueur et de continuité dans ses actes. Il pourra changer le cours des choses à condition de faire preuve de plus de constance dans ses actions.

Sa couleur

- Semblable à celle de la paume : elle indique que le sujet a raison de croire en sa bonne étoile.

- Blanche : elle indique des difficultés à obtenir ce que l'on veut.

- Beige : elle indique que le sujet mettra tout en œuvre pour réussir.

- Rouge : elle indique un très fort déploiement d'énergie pour réaliser son destin.

Différence selon les paumes

- Droite : lorsqu'elle affiche une faiblesse de construction qui n'apparaît pas dans la paume gauche, cela signifie que le sujet n'a pas su développer ses chances à cause d'un manque d'énergie ou de confiance en soi.

- Gauche : lorsqu'elle affiche une faiblesse de construction qui n'apparaît pas dans la paume droite, cela indique une grande force de volonté; le sujet a su dépasser sa condition modeste pour réaliser de brillants objectifs.

LA LIGNE DU SOLEIL OU LIGNE D'APOLLON

À l'inverse des lignes de Vie, de Tête, de Cœur et de Chance, la ligne du Soleil n'existe pas systématiquement dans toutes les mains. Parallèle à la ligne de Chance, la ligne du Soleil idéale naît près du poignet et se termine sous l'annulaire. Un tel parcours est cependant rarissime, car lorsqu'elle apparaît sur la paume, elle chemine surtout entre l'annulaire et la ligne de Cœur.

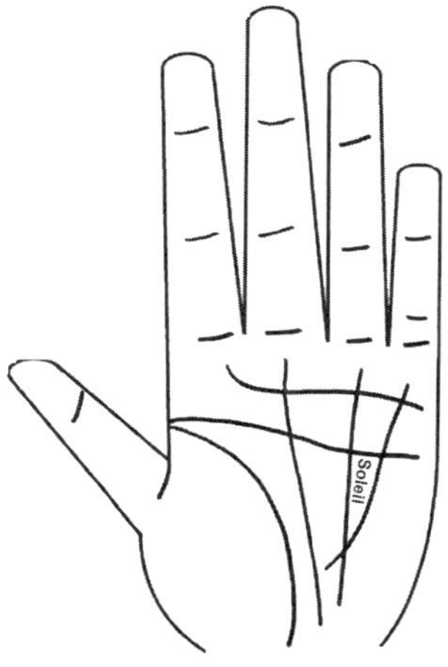

La ligne du Soleil ou ligne d'Apollon

Sa signification

Si le sujet est doté d'une telle ligne, il peut se féliciter : elle est la confirmation d'une grande intelligence, d'un brillant esprit et le signe annonciateur du succès, de la chance, des honneurs et des satisfactions matérielles. Elle est le reflet du moi idéal et des plaisirs que l'on compte bien retirer de l'existence. Elle favorise l'éclosion des talents artistiques, préside à la création et à l'épanouissement personnel.

Sa forme

- Droite : elle reflète une grande opiniâtreté pour atteindre la réussite escomptée. Le sujet est davantage attiré par une reconnaissance intellectuelle que par le confort matériel.

- Tortueuse : elle reflète une difficulté à se réaliser malgré des dispositions innées au succès.

Son parcours

Tout comme la ligne de Chance, la ligne du Soleil peut débuter sans distinction à différents endroits de la paume. Plus elle est longue, plus les possibilités de réussir sont grandes.

- Si elle démarre vers la ligne de Vie : elle est le signe d'un succès matériel généralement lié aux créations intellectuelles. Le sujet a de la chance, car la fortune lui tend les bras.
- Si elle démarre vers le Mont de la Lune : elle est le signe de la gloire. Le sujet est opportuniste et sait renverser les situations en sa faveur. Il doit une bonne part de sa réussite à un entourage influent.
- Si elle démarre vers le milieu de la paume : elle est le signe d'une grande persévérance. Le sujet ne ménage pas sa peine pour aplanir les difficultés et il en est récompensé; son travail lui apporte en effet une réussite méritée qu'il ne doit qu'à lui-même.
- Si elle démarre sur la ligne de Chance : elle est le signe que le sujet a vraiment tous les atouts en main pour réussir et atteindre le succès.

- Si elle démarre sur la ligne de Tête : elle est le signe d'une grande volonté et d'une détermination inébranlable. Le sujet sait ce qu'il veut et fait les efforts nécessaires pour atteindre son but. Il en sera récompensé au centuple.
- Si elle démarre entre la ligne de Tête et la ligne de Cœur : elle est le signe que le sujet court après les honneurs et la réussite financière, mais que de multiples obstacles se dressent sur sa route. Il parviendra toutefois à réaliser ses rêves à force de rigueur et de ténacité.
- Si elle démarre sur la ligne de Cœur : elle est le signe qu'une affaire de cœur pourrait avoir une influence négative sur la vie du sujet et le retarder dans la réalisation de ses objectifs. Il devra travailler dur pour parvenir au résultat escompté, qui se manifestera vers la fin de sa vie seulement. Il connaîtra à ce moment-là le confort matériel dont il rêvait, et c'est l'essentiel.

- Si elle se termine sous l'annulaire : elle est le signe d'une vie très bien remplie. C'est généralement à cet endroit qu'aboutissent toutes les lignes du Soleil.
- Si elle se termine ailleurs sur la paume : elle est le signe que les chances de succès sont compromises.

Ses caractéristiques

- Longue : elle révèle un extraordinaire potentiel à se réaliser. Plus elle est longue, plus les chances sont renforcées.

- Courte : elle révèle une grande énergie employée à se battre pour réaliser ses rêves et donner vie à ses espoirs.

- Large : elle révèle une certaine âpreté au gain. Le sujet se préoccupe surtout de son bien-être matériel. Peu lui importe les honneurs qui ne se traduisent pas en espèces sonnantes et trébuchantes.

- Étroite : elle révèle des difficultés à atteindre le succès.

- Épaisse : elle révèle un fort potentiel et une grande capacité à réussir, sans cependant y mettre toujours les formes.

- Fine : elle révèle un esprit subtil et une patience parfois trop grande. Accélérer les choses permettrait parfois au sujet de faire apparaître ses talents au grand jour.

- Très marquée : elle révèle un caractère facile et une personnalité pétrie de gentillesse et de générosité, qui sait imprimer sa marque à son entourage. Succès matériel et succès d'estime sont au rendez-vous.

- Peu apparente : elle révèle des difficultés à se réaliser pleinement et des obstacles sur la voie de la réussite. Lorsque le succès se manifeste, il faut en profiter, car il n'est que passager.

Sa couleur
- Semblable à celle de la paume : elle indique une grande régularité dans les efforts à accomplir.

- Blanche : elle indique que le sujet ne sait pas toujours profiter de ses chances.

- Beige : elle indique une fâcheuse tendance à se servir des autres pour réaliser ses ambitions.

- Rouge : elle indique un certain entêtement à vouloir aller trop vite et à brusquer les choses.

Différence entre les paumes
- Droite : lorsqu'elle s'affiche dans la paume droite alors qu'elle est absente de la paume gauche, cela indique un retournement de situation profitable au sujet.

- Gauche : lorsqu'elle s'affiche dans la paume gauche alors qu'elle est absente de la paume droite, cela signifie que le sujet a gaspillé les chances qui lui étaient données au départ.

Les lignes secondaires

On appelle lignes secondaires les lignes plus rarement présentes sur la paume, mais qui, lorsqu'elles apparaissent, sont extrêmement significatives. De par leur longueur et leur force, elles apportent des précisions supplémentaires non négligeables à l'analyse. Elles permettent en outre de mettre en lumière des tendances propres à l'individu, des qualités dont il devra savoir se servir pour réussir pleinement sa vie et des défauts qu'il devra corriger pour aplanir sa route.

LA LIGNE DE SANTÉ

Lorsqu'elle existe, elle naît vers la ligne de Vie, traverse obliquement toute la paume et se termine dans le meilleur des cas sous l'auriculaire. Elle révèle alors une santé parfois fragile et indique au sujet qu'il doit apprendre à ne pas trop présumer de ses forces. En revanche, si cette ligne est absente, cela signifie que le sujet mène une vie équilibrée garantissant son capital-santé.

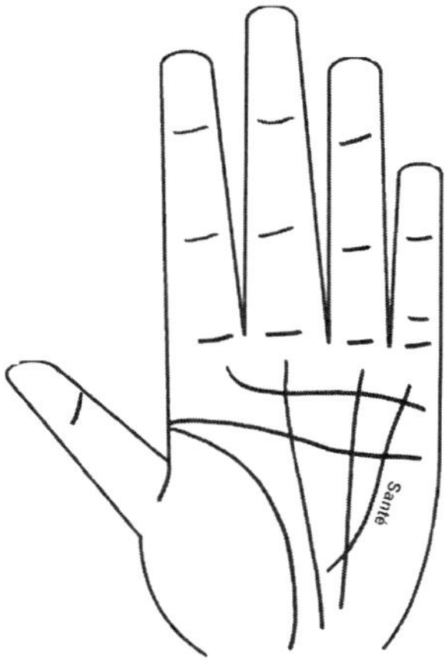

La ligne de Santé

LES LIGNES DE MARIAGE OU D'UNION

Elles se positionnent sur la percussion, vers la base de l'auriculaire. Chacune de ces lignes représente un mariage ou un lien affectif profond. Il est donc naturel d'en compter plusieurs au cours d'une vie puisque, dans la majorité des cas, une personne fera plus d'une rencontre sentimentale dans son existence.

LA LIGNE D'INTUITION

Lorsqu'elle existe, elle naît au-dessus du poignet, entre le Mont de la Lune et la ligne de Vie, traverse la paume en oblique et achève sa course à la base de l'auriculaire. Claire et apparente, elle révèle un tempérament émotionnellement riche. Le sujet jouit d'une faculté d'intuition au-dessus de la moyenne.

LES LIGNES DU VOYAGE

Elles se présentent horizontalement et se situent sur la percussion, vers le Mont de la Lune. Lorsqu'elles sont nombreuses, elles peuvent s'étager jusqu'à la hauteur du Mont de Mars Négatif. Comme leur nom l'indique, elles évoquent les voyages, mais aussi les personnes susceptibles de faire voyager le sujet.

10 Les signes secondaires : des avertisseurs de premier ordre

Si l'on considère d'une manière générale que la forme des doigts, des Monts et des lignes principales détermine les capacités physiques, intellectuelles et matérielles, on peut dire que les signes secondaires représentent, quant à eux, une sorte d'avertissement. Selon le dessin sous lequel ils se manifestent, ils aggravent ou au contraire atténuent ces tendances. Le carré, par exemple, a une action protectrice, la croix et la grille reflètent les oppositions, l'île affaiblit les lignes, l'étoile les renforce...

En outre, contrairement aux lignes et aux Monts qui ont leur place propre au creux de la paume, les signes peuvent être dispersés n'importe où. Quant à leur nombre, il est lui aussi variable et diffère selon les individus. Certains présentent des paumes claires et nettes où n'apparaît qu'un petit nombre de signes secondaires, alors que d'autres sont dotés de paumes si «embouteillée» qu'il faut passer un long moment et montrer une attention soutenue pour tout expliquer. Pour être sûr de n'en laisser échapper aucun au moment de l'interprétation, le meilleur moyen consiste à utiliser une loupe et à les analyser en fonction de l'endroit précis où ils se situent. Car leur signification et leur représentation diffèrent sensiblement selon qu'ils apparaissent sur les doigts, sur les Monts ou sur les lignes de la main.

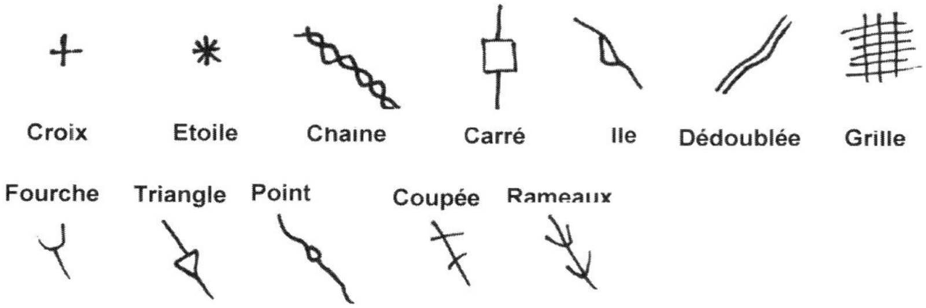

Les signes secondaires

LEURS PRINCIPALES SIGNIFICATIONS

LE CARRÉ. Il a une action protectrice et bénéfique. Le sujet sera aidé dans ses entreprises.

LE TRIANGLE. Il exprime les renforts et tonifie les capacités.

LA CROIX. Elle est le signe des oppositions et des obstacles.

L'ÉTOILE. Elle renforce les lignes et est bénéfique.

LA GRILLE. Elle met en évidence les retards, les difficultés et les contretemps.

L'ÎLE. Elle affaiblit les lignes, marque les changements, l'imprévisible et se révèle souvent néfaste.

LA CHAÎNE. Constituée par des îles reliées les unes aux autres, elle est un indice de difficultés, d'obstacles et de malchance.

LA TACHE OU LE POINT. Ils annoncent de légers troubles.

LES LIGNES VERTICALES. Elles soulignent l'imagination et les potentialités du sujet.

LES LIGNES HORIZONTALES. Elles indiquent les obstacles et les retards.

LES RAMEAUX. Ils sont des signes de trouble et de dispersion.

LES RASCETTES

On appelle rascettes les trois lignes qui constituent la frontière entre la paume de la main et la naissance du poignet. La tradition leur attribue le pouvoir de déterminer la longévité, mais en réalité elles servent d'indications générales selon la façon dont elles sont formées.

RASCETTES NETTES ET SOLIDEMENT CONSTITUÉES. Elles témoignent d'une bonne vitalité et d'importantes capacités physiques.

RASCETTES FINES ET LÉGÈREMENT TRACÉES. Elles révèlent une nature délicate qui devra fournir beaucoup d'efforts pour s'imposer.

RASCETTES CONSTITUÉES PAR UNE CHAÎNE. Elles dénotent des débuts difficiles et une grande obstination à combattre l'adversité.

Elles se présentent souvent de façon mixte — une ligne en chaîne et les deux autres régulières ou une ligne en chaîne et les deux autres à peine visibles... Mais lorsqu'elles apparaissent toutes les trois bien formées et de façon uniforme, elles sont un gage de bonheur et de succès.

LES SIGNES SECONDAIRES SUR LES MONTS

Lorsqu'ils se situent sur un Mont, les signes secondaires acquièrent une signification particulière. Il faut toujours en effet les interpréter par rapport au Mont lui-même et faire une synthèse des caractéristiques principales communes au signe et au Mont. La croix ou la grille, par exemple, mettront en lumière les défauts inhérents à ce Mont, alors que l'étoile, le carré ou le triangle salueront ses principales qualités.

LES SIGNES SECONDAIRES SUR LE MONT DE VÉNUS

Ils sont souvent nombreux, donc importants quant à la signification finale.

- L'étoile : elle confirme les bonnes perspectives dans le domaine affectif.

- Le carré : le sujet préfère l'intimité à la vie publique.

- Le triangle : les sentiments portés à autrui ne sont pas toujours désintéressés. Le sujet a tendance à se montrer exigeant et autoritaire envers ses partenaires.

- La grille : elle est le signe d'une longue quête pour trouver son idéal, ce qui entraîne une vie privée un peu chaotique. Le sujet a tendance à l'exaltation sentimentale, ce qui génère forcément à long terme bon nombre de déceptions.

- La croix : elle indique que cette fois, la fidélité ne sera pas payante. Il faut s'attendre à des difficultés.

- Les lignes verticales : elles laissent espérer un bonheur calme et une grande constance affective.

- Les lignes horizontales : elles sont le signe de multiples relations. Le sujet est très entouré.

LES SIGNES SECONDAIRES SUR LE MONT DE MARS POSITIF

Ils indiquent souvent un trop-plein d'énergie et une tendance aux réalisations multiples.

- L'étoile : égocentrique, le sujet croit toujours que sans lui le monde va s'arrêter de tourner. Une telle attitude décourage souvent son entourage.

- Le carré : raisonnable lorsque la situation l'exige, le sujet sait jusqu'où il peut aller en repoussant les limites.

- Le triangle : doté d'une solide énergie, le sujet ne manque pas de courage pour affronter les pires situations.

- La grille : les mauvais instincts l'emportent et l'égoïsme prime.

- La croix : coléreux, autoritaire et intransigeant, le sujet ne fait rien pour attirer la sympathie.

- Les lignes verticales : le sujet a un tempérament de fonceur et ne ménage pas sa peine pour arriver à ses fins.

- Les lignes horizontales : le sujet ne renonce pas facilement; entêté, il refuse souvent de se rendre à l'évidence.

LES SIGNES SECONDAIRES SUR LE MONT DE JUPITER

Ils sont de bon augure et concerne les succès à venir, les honneurs, la reconnaissance d'autrui, l'ambition récompensée à juste titre.

- L'étoile : elle porte en elle l'espoir, la chance et les réalisations concrètes.

- Le carré : il exagère les qualités au point de les transformer en défaut : trop de persévérance tourne à l'entêtement, trop de fierté mène à l'orgueil démesuré... Si le sujet sait faire preuve de bon sens au moment voulu, il peut inverser cette fâcheuse tendance et redonner au carré son caractère bénéfique.

- Le triangle : le sujet sait se montrer habile pour convaincre et rallier les autres à sa cause.

- La grille : elle amène avec elle les excès et les mauvaises tendances. Le sujet n'a guère de sens moral.

- La croix : elle est ici favorable et représente une bonne entente avec l'entourage proche.

- Les lignes verticales : le sujet est privilégié dans ses entreprises. Tous les succès sont à sa portée.

- Les lignes horizontales : un appétit démesuré pour les choses matérielles risque de ruiner les espoirs du sujet.

LES SIGNES SECONDAIRES SUR LE MONT DE SATURNE

À l'exception du carré, protecteur, et des lignes verticales, tous les signes ont une influence négative. En avoir le moins possible sur ce Mont est donc souhaitable.

- L'étoile : elle reflète les difficultés de la vie et les obstacles qui se dressent sur la route du sujet.

- Le carré : c'est une chance de le posséder à cet endroit, car grâce à lui le sujet peut conjurer le mauvais sort.

- Le triangle : le sujet est en proie à des influences négatives dont il ne sait pas se dégager.

- La grille : les espoirs déçus et les promesses non tenues sont le lot quotidien du sujet.

- La croix... et la bannière serait-on tenté de dire, tant elle entrave la route du sujet qui se débat dans des difficultés sans fin.

- Les lignes verticales : elles sont bénéfiques et signifient que le sujet peut tout entreprendre sans crainte. Elles annoncent chance et prospérité.

- Les lignes horizontales : le sujet a tendance à subir les choses plutôt que de mener son destin pour réaliser ses ambitions.

LES SIGNES SECONDAIRES SUR LE MONT D'APOLLON

À l'image du soleil levant ou couchant, ils plongent le sujet dans la nuit noire ou le mettent en lumière.

- L'étoile : assurément une bonne étoile puisqu'elle amène le succès, notamment dans le domaine des arts. L'assiduité et la persévérance se révèlent payantes.

- Le carré : le sujet est aidé dans ses entreprises. Son talent est reconnu.

- Le triangle : le sujet sait gérer sa carrière et se montrer prudent et réservé même quand les honneurs lui sont rendus.

- La grille : elle symbolise un orgueil démesuré et une confiance excessive en ses capacités.

- La croix : elle multiplie les obstacles et empêche le sujet de s'épanouir pleinement.

- Les lignes verticales : elles permettent une réalisation rapide des ambitions et sont un signe de richesse.

- Les lignes horizontales : elles sont un frein à l'ascension sociale. Le sujet n'aime guère faire d'efforts pour atteindre ses objectifs.

LES SIGNES SECONDAIRES SUR LE MONT DE MERCURE

Ils témoignent des luttes et des combats que le sujet doit mener, le plus souvent contre lui-même.

- L'étoile : elle est signe de réussite et parfois même de gloire. Le talent est récompensé.

- Le carré : il constitue l'arme efficace pour lutter contre l'adversité. Quelles que soient les erreurs commises, le sujet parvient à la réussite.

- Le triangle : le sujet sait rallier les autres à sa cause et montre beaucoup d'habileté dans la réalisation de ses plans.

- La grille : elle indique que les erreurs de jugement et la précipitation dans l'élaboration des plans mènent tout droit le sujet à la catastrophe.

- La croix : le sujet est capable de toutes les bassesses pour arriver à ses fins.

- Les lignes verticales : grâce à une vue concrète des choses, les réalisations matérielles sont assurées.

- Les lignes horizontales : le sujet a la tête trop près du bonnet et se montre borné lorsqu'il lui faudrait plutôt faire preuve de souplesse.

LES SIGNES SECONDAIRES SUR LE MONT DE MARS NÉGATIF

Si le sujet n'apprend pas à réfréner ses tendances négatives, il risque de tout perdre.

- L'étoile : le sujet ne sait pas toujours réagir adéquatement aux circonstances.

- Le carré : montrer de l'impatience et s'en prendre aux autres n'ont jamais permis de résoudre les problèmes. Il semble pourtant que le sujet n'arrive pas à comprendre cette évidence.

- Le triangle : le sujet est un fin stratège qui montre beaucoup d'ingéniosité pour élaborer ses plans.

- La grille : coléreux et irascible, le sujet ne contrôle pas ses pulsions; il n'est donc pas étonnant qu'il se retrouve dans des situations délicates.

- La croix : le mauvais sort semble s'acharner sur le sujet, à juste titre. S'il montrait plus de patience et de compréhension, les choses pourraient tourner autrement.

- Les lignes verticales : une telle volonté de vaincre ne peut qu'être récompensée.

- Les lignes horizontales : ce n'est pas en faisant preuve d'immodestie que l'on s'attire les faveurs de son entourage.

LES SIGNES SECONDAIRES SUR LE MONT DE LA LUNE
Ils indiquent un danger attribuable le plus souvent à un excès d'imagination qui empêche le sujet d'agir de façon concrète.

- L'étoile : elle est ici signe de prudence. Le sujet doit faire sien le proverbe «Un homme averti en vaut deux».

- Le carré : croire en l'avenir ne doit pas rendre le sujet totalement inconscient des risques encourus.

- Le triangle : il est la marque d'une grande délicatesse et d'un dosage équilibré entre intuition et sens aigu des réalités.

- La grille : le sujet se laisse souvent aller, comme si l'espoir n'était pas de ce monde.

- La croix : elle indique une nature opportuniste. Le sujet pousse toujours les choses à l'extrême.

- Les lignes verticales : elles sont le signe d'une imagination limitée qui ne permet pas les très grandes réalisations.

- Les lignes horizontales : le sujet a tendance à stagner par excès de pessimisme.

LES SIGNES SECONDAIRES SUR LES DOIGTS
Les signes secondaires prennent davantage d'importance

lorsqu'ils se situent sur les phalanges. Comme pour les Monts, il faut étudier leur signification par rapport au doigt sur lequel ils apparaissent. D'une façon générale, le carré, le triangle et les lignes verticales sont favorables, alors que la croix et les lignes horizontales annoncent des difficultés. Ils peuvent cependant prendre des significations opposées selon les phalanges sur lesquelles ils se trouvent. Il arrive enfin que se dessinent à la base des doigts des cercles ou des signes en demi-cercle. Assez rares, ils ont toutefois une signification dont il faut tenir compte selon le doigt concerné.

LES SIGNES SECONDAIRES SUR L'INDEX

- L'étoile :

  1re phalange : aucune raison pour le sujet de se faire du souci, car la chance est au rendez-vous et ouvre les portes du succès et de la réussite matérielle.

  2e phalange : le sujet est davantage porté sur les valeurs spirituelles que matérielles. Cela lui confère beaucoup de sérénité.

  3e phalange : à force de se fier à son instinct et de croire en sa bonne étoile, le sujet néglige de s'appuyer sur la raison, ce qui lui fait gaspiller ses chances.

- Le carré :

  1re phalange : protégé par sa prudence, le sujet a la sagesse de se tenir loin des flatteurs.

  2e phalange : le sujet sait s'entourer d'amis sûrs pour atteindre ses objectifs.

  3e phalange : l'autoritarisme naturel du sujet s'efface devant un sens très sûr de la manipulation.

- Le triangle :

  1re phalange : la réussite du sujet repose sur ses qualités morales.

  2e phalange : un charisme exceptionnel fait du sujet un personnage public.

  3e phalange : savoir utiliser ses qualités intellectuelles

pour développer un indéniable sens des affaires ne peut qu'être profitable au sujet.

- La grille :
  1re phalange : esprit étriqué et mauvais instincts font stagner le sujet dans une insatisfaction permanente.
  2e phalange : on ne peut pas dire que le sujet brille par son honnêteté.
  3e phalange : ses mauvaises fréquentations et ses tendances néfastes isolent le sujet, ce qui l'incite à se montrer encore plus vindicatif.

- La croix :
  1re phalange : elle n'est guère favorable. Le sujet souffre d'un manque d'équilibre.
  2e phalange : à force de se laisser tenter par un flatteur miroir aux alouettes, le sujet risque de passer à côté du succès.
  3e phalange : obnubilé par ses propres réalisations, le sujet utilise les autres pour servir ses intérêts.

- Les lignes verticales :
  1re phalange : elles sont le signe d'un esprit harmonieux qui sait transformer les rêves en réalité.
  2e phalange : le sujet a raison de croire en ses chances. Ses espoirs se réalisent.
  3e phalange : s'il sait ne pas gaspiller son potentiel, le sujet n'a aucune raison de s'inquiéter. Une imposante réussite matérielle lui garantit pour longtemps la sécurité.

- Les lignes horizontales :
  1re phalange : un tempérament excessif pousse le sujet à vouloir tout, tout de suite. Ce qui l'amène le plus souvent à gâcher ses chances.
  2e phalange : le sujet ne s'y prend pas de la bonne manière pour arriver à ses fins. Un peu plus de

considération envers les autres le rendrait plus crédible.
3e phalange : veiller à ne pas troquer ses acquis contre une éphémère réussite devrait être l'unique préoccupation du sujet.

- Le signe rare :
L'anneau de Salomon, situé à la base du doigt de Jupiter, indique la sagesse.

LES SIGNES SECONDAIRES SUR LE MAJEUR

- L'étoile :
1re phalange : une brillante destinée attend le sujet. Il saura se montrer à la hauteur en toutes circonstances.
2e phalange : le plus souvent par naïveté, le sujet se met dans des situations inextricables dont il ne peut se sortir.
3e phalange : il vaudrait mieux que le sujet apprenne à se méfier de ses instincts qui le poussent à rechercher des personnes peu fréquentables.

- Le carré :
1re phalange : vivre en toute quiétude en profitant pleinement de ses acquis n'est pas dans la mentalité du sujet.
2e phalange : s'il ne sait pas saisir sa chance au bon moment, le sujet risque fort de passer le restant de sa vie à le regretter.
3e phalange : soucieux d'acquérir le plus possible de biens matériels, le sujet y perd un peu de son âme.

- Le triangle :
1re phalange : sans indulgence envers les autres, le sujet traverse la vie uniquement préoccupé par son propre sort.
2e phalange : rien n'étonne le sujet, ni que son talent soit reconnu ni que la réussite l'attende au coin de la rue.

3e phalange : pousser trop loin ses exigences amène le sujet à ne récolter que du vent.

- La grille :

1re phalange : hésitant et influençable, le sujet est ballotté au gré des événements.
2e phalange : par manque d'autonomie et de croyance en sa propre valeur, le sujet perd ses chances de succès.
3e phalange : convaincre le sujet que l'argent n'est pas tout dans la vie est une entreprise vouée à l'échec.

- La croix :

1re phalange : mal dans sa peau, le sujet ne sait comment mener sa vie.
2e phalange : dilapidant ses acquis, le sujet est un risque-tout.
3e phalange : le manque de créativité entraîne le sujet vers une profonde sécheresse de cœur.

- Les lignes verticales :

1re phalange : elles trahissent un manque cruel de confiance en soi et en ses possibilités, ce qui n'entraîne chez le sujet qu'aigreur et mauvaises pensées.
2e phalange : par chance, le sujet est doté d'une telle puissance de raisonnement qu'il semble pouvoir venir à bout de toutes les difficultés.
3e phalange : le succès ne devrait pas se faire attendre, surtout si le sujet sait montrer dans ses actions de la discipline et de la fermeté.

- Les lignes horizontales :

1re phalange : ne pas prendre le temps de réfléchir conduit le sujet à agir le plus souvent comme une brute.
2e phalange : uniquement préoccupé par les choses matérielles, le sujet dédaigne les valeurs morales.

3e phalange : à force de tourner le dos aux autres, le sujet finit par se retrouver seul et mécontent de l'être.

- Les signes rares :
L'anneau de Saturne, situé à la base du majeur, est un signe de mélancolie; l'anneau de Vénus, qui prend son départ à la base de l'espace compris entre l'index et le majeur, et se termine entre l'annulaire et l'auriculaire, indique une grande sensibilité.

LES SIGNES SECONDAIRES SUR L'ANNULAIRE

- L'étoile :
  1re phalange : rêveur et idéaliste, le sujet est naturellement attiré par ce qui est beau.
  2e phalange : sensible et délicat, le sujet devrait voir son talent tardivement récompensé.
  3e phalange : semblable à un papillon attiré par la lumière, le sujet ne s'intéresse qu'aux choses superficielles. Il ne construira donc rien de sérieux au cours de sa vie.

- Le carré :
  1re phalange : plutôt réfléchi, pour ne pas dire circonspect, le sujet connaît ses limites et n'entreprend que ce qu'il se sent capable de réaliser.
  2e phalange : le sujet manque d'ambition et se cantonne dans ce qu'il sait faire au lieu d'aller de l'avant et de développer ses capacités.
  3e phalange : sensible à l'excès, le sujet a besoin de se sentir compris et aimé pour agir. Cela le retarde souvent dans ses entreprises.

- Le triangle :
  1re phalange : le sujet va jusqu'au bout de ses idées; il réalise ses projets en prenant le temps de réflexion nécessaire.
  2e phalange : très marqué par les choses de l'esprit, le

sujet trouve son bonheur dans une pure recherche intellectuelle.
3e phalange : doté d'une émotion créatrice qui lui permet de talentueuses réalisations, le sujet aime avoir une image idéale de lui-même.

- La grille :
  1re phalange : en dépit de son grand talent, le sujet se complaît par facilité dans la médiocrité.
  2e phalange : envieux de tous et de tout, le sujet perd son temps à jalouser les biens d'autrui et passe ainsi à côté de ce qu'il pourrait lui-même créer.
  3e phalange : impatient et velléitaire, le sujet attend que les bienfaits lui tombent du ciel sans qu'il ait à lever le petit doigt.

- La croix :
  1re phalange : à cause de son entêtement et de son évidente mauvaise volonté, le sujet gâche ses chances de réussite.
  2e phalange : à force de se prendre pour le nombril du monde, le sujet se retrouve seul et déçu face à ses illusions.
  3e phalange : la multiplication des activités et l'excès en tout conduisent le sujet à brasser trop d'affaires à la fois, ce qui use son énergie.

- Les lignes verticales :
  1re phalange : le sujet vit dans les rêves et ne redescend sur terre que pour les réaliser.
  2e phalange : brillant et talentueux, le sujet dispose de la grâce nécessaire pour se faire aimer des autres.
  3e phalange : à la fois concret et imaginatif, le sujet est prédisposé au bonheur.

- Les lignes horizontales :
  1re phalange : dans l'impossibilité de réaliser ses

objectifs, le sujet se renferme en lui-même.
2e phalange : envieux de la réussite des autres, le sujet en vient à gâcher ses propres chances de réussite.
3e phalange : dans sa course perpétuelle à l'inutile, le sujet traverse la vie sans obtenir de véritable satisfaction.

- Le signe rare :
L'anneau d'Apollon, à la base de l'annulaire, révèle une étroitesse d'esprit.

LES SIGNES SECONDAIRES SUR L'AURICULAIRE

- L'étoile :
1re phalange : le sujet aime la vie en société; il a la parole facile et trouve beaucoup de plaisir à voir un auditoire suspendu à ses lèvres.
2e phalange : habile et opportuniste, le sujet sait se trouver au bon endroit au bon moment. Ce qui lui ouvre tout naturellement la voie du succès.
3e phalange : esprit brillant et orateur de charme, le sujet se débrouille à merveille pour mettre tout le monde dans sa poche.

- Le carré :
1re phalange : le sujet a le sens des affaires et l'entregent nécessaire pour mener des actions qui exigent de l'énergie et de l'enthousiasme.
2e phalange : naturellement doué pour la parole, le sujet s'y entend pour embobiner son entourage et le rallier à ses vues.
3e phalange : savoir se taire et ne pas vendre la peau de l'ours avant de l'avoir tué, voilà qui serait grandement profitable au sujet.

- Le triangle :
1re phalange : doté d'un esprit brillant, le sujet trouve son plaisir dans les travaux qui concernent l'esprit.

2e phalange : le sujet sait équilibrer la pensée positive et l'action bien menée.
3e phalange : à la fois plein de tact et d'assurance, le sujet est un négociateur-né.

- La grille :
1re phalange : le sujet accumule les erreurs et ne sait pas en tirer un enseignement favorable pour l'avenir.
2e phalange : si gérer, c'est prévoir, c'est précisément ce que le sujet ne sait pas faire. Son inconscience lui fait courir des risques inutiles.
3e phalange : sûr de son pouvoir et de l'ascendant qu'il exerce sur les autres, le sujet finit par aller trop loin et échoue dans ses objectifs.

- La croix :
1re phalange : inconscient et léger, le sujet gaspille ses chances de succès. Il agit trop souvent sans réfléchir.
2e phalange : le sujet semble toujours prêt à faire un mauvais coup. Il est donc bien difficile de lui faire confiance dans de telles circonstances.
3e phalange : trop entier et uniquement préoccupé par ses intérêts, le sujet manque du recul nécessaire pour réussir.

- Les lignes verticales :
1re phalange : le sujet aime briller en société et y parvient en faisant valoir ses talents d'orateur incontesté.
2e phalange : calme et pondéré, le sujet sait mener sa vie et sa carrière sans faire de vagues, mais avec beaucoup d'efficacité.
3e phalange : déployant une habileté diabolique pour tromper ses ennemis, le sujet base sa vie sur le mensonge.

- Les lignes horizontales :
1re phalange : qu'il s'agisse de sa vie publique ou de

sa vie privée, le sujet est un dissimulateur dont il faut se méfier.
2e phalange : le sujet ne sait pas profiter des leçons de l'expérience, ce qui le fait retomber dans les mêmes pièges et les mêmes erreurs.
3e phalange : âpre au gain et mené par ses mauvais instincts, le sujet n'est à l'aise que s'il peut retirer un profit d'autrui.

LES SIGNES SECONDAIRES SUR LE POUCE

- L'étoile :

1re phalange : elle protège le sujet de la malveillance environnante et lui permet de surmonter les obstacles qui se dressent sur sa route.
2e phalange : une certaine tendance à la naïveté pousse le sujet à prendre ses rêves pour des réalités. Il faudrait qu'il apprenne à redescendre parfois sur terre.

- Le carré :

1re phalange : le sujet a une haute opinion de lui-même et de grandes ambitions qu'il pourrait bien réaliser.
2e phalange : s'il sait utiliser ses facultés intellectuelles, le sujet peut entreprendre des actions basées sur le long terme.

- Le triangle :

1re phalange : sérieux et réfléchi, le sujet sait s'y prendre pour apprivoiser le succès.
2e phalange : attiré par les hautes fonctions et soucieux de connaître la renommée, le sujet met tout en œuvre pour que ses projets se réalisent.

- La grille :

1re phalange : on ne peut pas faire confiance à un sujet manquant à ce point de moralité.

2e phalange : le sujet est prêt à tout pour parvenir à ses fins. Ce n'est pas la sensibilité qui lui dicte sa conduite, mais bien l'intérêt.

- La croix :

  1re phalange : ne se fiant qu'à ses mauvais instincts, le sujet ne s'embarrasse pas de scrupules pour faire ce que bon lui semble.

  2e phalange : le sujet se fie trop au jugement des autres et ne fait pas assez confiance à son propre bon sens.
- Les lignes verticales :

  1re phalange : elles indiquent une grande ténacité et beaucoup de rigueur dans l'application du raisonnement. Le sujet sait assurément ce qu'il veut.

  2e phalange : d'étonnantes capacités intellectuelles permettent au sujet d'analyser rapidement les situations et de les retourner ensuite à son avantage.

- Les lignes horizontales :

  1re phalange : le sujet doit s'attendre à des difficultés qui useront son énergie et l'empêcheront d'agir comme il l'entend.

  2e phalange : on ne peut pas vivre éternellement dans l'illusion. Le sujet ferait bien d'en prendre conscience avant qu'il ne soit trop tard.

LES SIGNES SECONDAIRES SUR LES LIGNES PRINCIPALES

Lorsqu'ils apparaissent sur les lignes principales, les signes secondaires ont une grande importance. Ils annoncent des évolutions, des changements et généralement une nouvelle orientation. Ils ont en outre des conséquences aussi bien pratiques que psychologiques sur la vie du sujet et, selon la forme qu'ils adoptent, ils influent de façon positive ou négative. Généralement, l'île, la croix, l'étoile et les barres transversales ne sont pas bon signe; elles annoncent des difficultés et des épreuves à surmonter. Lorsque l'une d'entre elles apparaît sur une ligne, le sujet a tout intérêt à se méfier. En revanche, les rameaux, branches ascendantes qui partent des lignes pour se diriger vers les Monts, revêtent une signification positive et porteuse d'espoir; ils indiquent les changements favorables à venir et les nouvelles opportunités dont il faut savoir profiter.

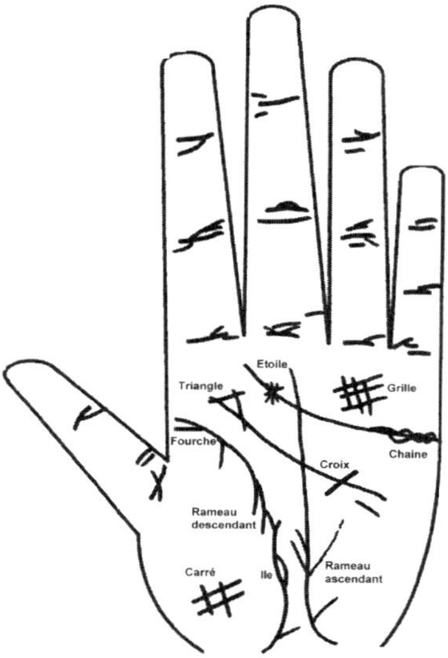

Les signes secondaires sur les lignes principales

LES SIGNES SECONDAIRES SUR LA LIGNE DE VIE

- L'étoile : elle est le signe d'un événement qui marque profondément le sujet. Il va devoir se montrer fort pour trouver en lui l'énergie nécessaire et la force psychologique pour réagir.

- L'île : elle révèle une baisse de tonus importante et une faiblesse contre laquelle le sujet devra réagir vivement s'il ne veut pas que les choses empirent.

- La chaîne : formée de plusieurs îles, elle a une signification défavorable. La baisse d'énergie risque de persister plus longtemps que prévu.

- Le point : il est la marque d'une fatigue dont le sujet ne doit pas s'inquiéter.

- Le carré : lorsqu'il se situe près d'une étoile ou d'une croix, il en atténue le sens défavorable. Il est donc signe d'une meilleure santé et porte en lui un regain d'énergie.

- La croix : elle est l'indice d'un arrêt et peut-être d'une maladie passagère et sans gravité. Le sujet devra réagir vivement pour ne pas se laisser envahir par la fatigue.

- Les barres transversales : elles signalent un choc ou un traumatisme qui, selon la longueur et l'épaisseur des lignes, est plus ou moins fort et dure plus ou moins longtemps.

- Les rameaux : ils prennent une signification particulière selon le Mont vers lequel ils se dirigent.
    - Vers le Mont de Vénus : ils indiquent un regain d'énergie qui permet au sujet d'acquérir plus d'indépendance.
    - Vers le Mont de Jupiter : ils indiquent un succès dans le domaine intellectuel. Le sujet ne manque pas d'appuis pour accéder au rang qui lui est dû et occuper une place prépondérante dans la société.
    - Vers le Mont de Saturne : ils indiquent un changement dans la maison, un déménagement, une acquisition, des biens plus importants.
    - Vers le Mont d'Apollon : ils indiquent une réalisation des espérances. Le sujet est appelé à connaître, sinon la gloire, du moins un brillant succès.
    - Vers le Mont de Mercure : ils indiquent un succès dans les activités professionnelles et matérielles.
    - Vers le Mont de la Lune : ils indiquent les déménagements et les voyages.

- Les rameaux sont également révélateurs, lorsqu'ils s'arrêtent précisément sur une ligne.

- Sur la ligne de Tête : ils annoncent l'échec par manque de réflexion.
- Sur la ligne de Cœur : ils annoncent des déboires sentimentaux.
- Sur la ligne de Chance : ils annoncent une mauvaise utilisation de l'énergie.
- Sur la ligne du Soleil : ils annoncent une dispersion des talents.

- Les ruptures : elles sont favorables ou défavorables selon la façon dont elles se présentent et sont toujours le signe d'un changement d'orientation.
  - Nettes : elles signalent une coupure momentanée de la vie énergétique. Il peut s'agir d'une maladie passagère ou d'un accident dont le sujet se remet.
  - En éclats : elles signalent un arrêt volontaire. Le sujet peut vouloir s'accorder un temps de repos ou de réflexion avant de reprendre ses activités.

LES SIGNES SECONDAIRES SUR LA LIGNE DE TÊTE

- L'étoile : elle est le signe d'un important revirement psychologique empreint de pessimisme.

- L'île : elle révèle des difficultés passagères dont le sujet aura beaucoup de mal à s'extraire.

- La chaîne : elle a une signification négative. Les obstacles se multiplient sur la route du sujet.

- Le point : il est la marque de l'inquiétude qui empêche toute réflexion constructive.

- Le carré : il porte en lui l'élément de calme nécessaire pour permettre aux événements de reprendre un cours plus favorable.

- La croix : elle est l'indice d'une succession de désagréments qui finissent par miner le moral du sujet.

- Les barres transversales : elles portent en elles le doute et l'incertitude. Plus elles sont nombreuses, plus le sujet a du mal à trouver sa voie et à atteindre la sérénité.

- Les rameaux : ils prennent une signification particulière selon le Mont vers lequel ils se dirigent.
  - Vers le Mont de Vénus : ils indiquent de petites satisfactions et une meilleure gestion de vie.
  - Vers le Mont de Jupiter : ils indiquent une réelle volonté de se dégager des contraintes et un fort désir de réussir.
  - Vers le Mont de Saturne : ils indiquent une certaine tendance à prendre les problèmes à l'envers et à tourner en rond.
  - Vers le Mont d'Apollon : ils indiquent la présence d'un bel élan intellectuel qui pourrait bien renverser le cours des choses en faveur du sujet.
  - Vers le Mont de Mercure : ils indiquent de meilleures opportunités, notamment dans le domaine des affaires.
  - Vers le Mont de la Lune : ils indiquent une trop grande propension à se réfugier dans l'imaginaire pour résoudre les difficultés.

- Les rameaux sont également révélateurs lorsqu'ils s'arrêtent précisément sur une ligne.
  - Sur la ligne de Vie : ils annoncent des déceptions dans le domaine des réalisations. Rien ne se déroule comme le sujet l'avait prévu.
  - Sur la ligne de Cœur : ils annoncent une trop grande réserve qui risque de passer pour de l'indifférence.
  - Sur la ligne de Chance : ils annoncent une bonne utilisation des facultés logiques pour faire évoluer favorablement les choses.
  - Sur la ligne du Soleil : ils annoncent une certaine habileté à se sortir des plus mauvaises situations.

- Les ruptures : elles sont favorables ou défavorables selon la

façon dont elles se présentent et sont toujours le signe d'un changement d'orientation.
- Nettes : elles signalent une forte envie de changer l'ordre des choses.
- En éclats : elles signalent des périodes passagères d'incertitude et de déception.

LES SIGNES SECONDAIRES SUR LA LIGNE DE CŒUR

- L'étoile : elle est le signe d'une incapacité à faire parler son cœur, même lorsque les circonstances l'exigent.

- L'île : elle révèle une liaison extraconjugale qui pourrait avoir des conséquences à long terme.

- La chaîne : elle a une signification primordiale pour le sujet qui multiplie les aventures, sans pourtant connaître la satisfaction.

- Le point : il est la marque d'une nervosité excessive dès qu'il est question de faire parler son cœur.

- Le carré : il porte en lui la sérénité et une certaine dose de fatalisme.

- La croix : elle est l'indice de tourments et de regrets.

- Les barres transversales : elles marquent les oppositions et la difficulté à trouver le bonheur.

- Les rameaux : ils prennent une signification particulière selon le Mont vers lequel ils se dirigent.
  - Vers le Mont de Vénus : ils indiquent un trop grand idéalisme.
  - Vers le Mont de Jupiter : ils indiquent une tendance à faire passer les affaires du cœur après les affaires tout court.
  - Vers le Mont de Saturne : ils indiquent une certaine monotonie de la vie quotidienne.

- Vers le Mont d'Apollon : ils indiquent un renouveau dans la vie amoureuse.
- Vers le Mont de Mercure : ils indiquent une réalisation inespérée des souhaits.
- Vers le Mont de la Lune : ils indiquent un trop-plein d'amour non partagé.

- Les rameaux sont également révélateurs lorsqu'ils s'arrêtent précisément sur une ligne.
  - Sur la ligne de Vie : ils annoncent que le sujet mettra beaucoup de cœur à réaliser sa vie personnelle.
  - Sur la ligne de Tête : ils annoncent que la raison passe souvent avant les sentiments.
  - Sur la ligne de Chance : ils annoncent une rencontre décisive qui concerne l'atteinte du bonheur.
  - Sur la ligne du Soleil : ils annoncent une période privilégiée de bonheur.

- Les ruptures : elles sont favorables ou défavorables selon la façon dont elles se présentent et sont toujours le signe d'un changement d'orientation.
  - Nettes : elles signalent un changement radical dans la vie privée.
  - En éclats : elles signalent les tourments multiples qui assaillent le sujet dans sa vie sentimentale.

LES SIGNES SECONDAIRES SUR LA LIGNE DE CHANCE

Contrairement à ce que l'on pourrait croire, les signes apparaissant sur cette ligne n'amènent pas la chance. Ils reflètent plutôt les tracas et les difficultés.

- L'étoile : elle est le signe d'un événement ou d'une rencontre qui bouleverse de façon négative la vie du sujet.

- L'île : elle est le signe de difficultés financières. Le sujet a tout intérêt à se montrer prévoyant.

- La chaîne : elle est le signe d'une succession de difficultés en matière d'argent. Une longue période d'austérité s'annonce.

- Le point : il est le signe d'une attitude extrêmement prudente à adopter si le sujet ne veut pas se trouver acculé au pied du mur.

- Le carré : il est le signe que le sujet trouvera peut-être sur sa route une personne assez généreuse pour lui ouvrir sa bourse.

- La croix : elle est le signe de difficultés sans fin et d'obstacles parfois insurmontables.

- Les barres transversales : elles sont le signe des combats à mener contre l'adversité.

- Les rameaux : ils prennent une signification particulière selon le Mont vers lequel ils se dirigent.
    - Vers le Mont de Vénus : ils indiquent une grande ténacité même lorsque les circonstances sont défavorables.
    - Vers le Mont de Jupiter : ils indiquent que la position sociale du sujet finit par être satisfaisante.
    - Vers le Mont de Saturne : ils indiquent une opportunité à saisir dans le domaine de l'argent.
    - Vers le Mont d'Apollon : ils indiquent que le sujet sera payé de sa peine et que ses efforts n'auront pas été vains.
    - Vers le Mont de Mercure : ils indiquent que des projets financiers trouveront leur aboutissement.
    - Vers le Mont de la Lune : ils indiquent de bonnes perspectives.

- Les rameaux sont également révélateurs lorsqu'ils s'arrêtent précisément sur une ligne.
    - Sur la ligne de Vie : ils annoncent une confiance en soi indestructible.

- Sur la ligne de Tête : ils annoncent un succès bien mérité.
- Sur la ligne de Cœur : ils annoncent fidélité et compréhension.
- Sur la ligne du Soleil : ils annoncent la réalisation des souhaits.

- Les ruptures : elles sont favorables ou défavorables selon la façon dont elles se présentent et sont toujours le signe d'un changement d'orientation.
  - Nettes : elles signalent un important changement dans la vie du sujet.
  - En éclats : elles signalent que le sujet prend son destin en main après mûre réflexion.

LES SIGNES SECONDAIRES SUR LA LIGNE DU SOLEIL

Ils sont révélateurs de la faculté de bonheur qui est en nous et de la façon dont nous savons ou non l'utiliser.

- L'étoile : elle révèle une réussite qui ne se dément pas.

- L'île : elle révèle une période difficile à vivre. Le sujet a l'impression de perdre ses acquis et se sent incompris.

- La chaîne : elle révèle une succession d'événements négatifs qui paralysent momentanément le sujet.

- Le point : il révèle une inaptitude provisoire à régler les difficultés courantes.

- Le carré : il révèle une possibilité de conclure un accord satisfaisant.

- La croix : elle révèle des oppositions et des déceptions.

- Les barres transversales : elles révèlent une impossibilité d'avancer, une stagnation des projets.

- Les rameaux : ils ne sont significatifs que si la ligne est suffisamment longue pour que les rameaux se dirigent de façon nette vers les Monts et les lignes. Si la ligne du Soleil est courte, il ne faut pas en tenir compte.
  - Vers le Mont de Vénus : ils indiquent un bon développement des capacités initiales.
  - Vers le Mont de Jupiter : ils indiquent une grande habileté dans l'atteinte d'objectifs.
  - Vers le Mont de Saturne : ils indiquent une mauvaise utilisation des qualités.
  - Vers le Mont d'Apollon : ils indiquent une réussite exemplaire attribuable à un travail acharné.
  - Vers le Mont de Mercure : ils indiquent de grandes facilités dans le domaine financier.
  - Vers le Mont de la Lune : ils indiquent un bon équilibre entre les espoirs et les réalisations.

- Les rameaux sont également révélateurs lorsqu'ils s'arrêtent précisément sur une ligne.
  - Sur la ligne de Vie (le cas est rarissime) : ils annoncent un débordement de talent lié à une belle énergie.
  - Sur la ligne de Tête : ils annoncent une possibilité de réussir sur la voie que l'on s'est tracée.
  - Sur la ligne de Cœur : ils annoncent un revirement probable en faveur du sujet.
  - Sur la ligne de Chance : ils annoncent de grandes prédispositions qui trouveront leur aboutissement.

- Les ruptures : elles sont favorables ou défavorables selon la façon dont elles se présentent et sont toujours le signe d'un changement d'orientation.
  - Nettes : elles signalent une cassure bénéfique.
  - En éclats : elles signalent une série d'actions qui permettront au sujet de s'extraire de ses difficultés.

CHAPITRE 11

L'interprétation : en creux et en relief

11

Il existe plusieurs façons de mettre en relief les principaux signes permettant de faire ressortir les caractéristiques les plus significatives des mains. L'une des plus rapides et des plus pratiques consiste à utiliser une loupe pour les déchiffrer, qu'ils se situent sur les Monts, les doigts ou sur les lignes proprement dites. L'une des plus délicates exige beaucoup de patience et d'adresse, et repose sur la prise d'empreintes, ce qui permet de révéler les signes dans les moindres détails. Il faut pour cela utiliser un certain type de matériel qui permet d'éviter les «pâtés» indéchiffrables.

LA PRISE D'EMPREINTES

LE MATÉRIEL

Procurez-vous de l'encre soluble à l'eau (qui s'élimine donc facilement), une feuille de verre (comme support absorbant), un rouleau encreur et munissez-vous d'un couteau de cuisine de préférence, d'un stylo ou d'un feutre très fin et de feuilles de papier. Si vous voulez vous simplifier la tâche par la suite, une couverture de magazine assez rigide pourra avantageusement remplacer la feuille de verre, tout comme vous pourrez troquer le rouleau encreur contre un petit rouleau à pâtisserie que vous réserverez à cet usage.

LA MÉTHODE

- Versez un peu d'encre sur la feuille de verre et étalez-la à l'aide du rouleau jusqu'à ce qu'elle en soit recouverte de façon uniforme.

- Faites glisser le rouleau sur la feuille de verre autant de fois que nécessaire pour bien l'enduire d'encre, en veillant à ce qu'aucune bulle, épaisseur ou aspérité ne se forme. Le rouleau doit être recouvert d'encre mais pas dégoulinant, ce qui entraînerait une surabondance sur la main.
- Enduisez la main (paume et doigts) d'encre à l'aide du rouleau, de préférence en une seule fois, en partant du poignet en remontant vers les doigts. Prenez tout votre temps afin d'éviter d'enduire trop fortement certains endroits par rapport à d'autres.
- La main bien détendue, appliquez la paume et ensuite les doigts sur une feuille de papier en exerçant une pression légère et ferme.
- Pour vous assurer que les signes seront bien imprimés, passez délicatement un couteau sous la feuille de papier en vous attardant sur le creux de la paume.
- Pour terminer, dessinez rapidement le contour de la main avant de procéder à l'interprétation.

LES ÉTAPES DE L'ANALYSE

Au début, n'essayez pas d'aller trop vite et intéressez-vous d'abord à vos mains avant d'interpréter celles des autres. Pour la même raison, commencez par étudier vos mains à la loupe et familiarisez-vous avec la foule d'indications fournies par les différents signes avant de vous lancer dans la prise d'empreintes.

- Outre la loupe, prévoyez de nombreuses feuilles de papier et un stylo pour noter tous les renseignements.

- Inscrivez d'un côté tout ce que la main gauche vous révèle et de l'autre tout ce que vous lisez dans votre main droite.

- Notez méticuleusement les principales caractéristiques : la forme de vos mains, de vos ongles et de vos doigts, sans oublier de déterminer leur aspect noueux ou lisse, leur longueur et leur importance par rapport au reste du corps, la consistance des articulations.

- Terminez cette étude du dos de la main par une observation de la couleur, de la texture et de la souplesse de votre peau.

- Puis intéressez-vous à la paume en déterminant d'abord sa forme et en évaluant ensuite l'importance des Monts, la longueur et la profondeur des lignes principales et secondaires, les signes sur les phalanges et sur les lignes principales, sans omettre les rascettes.

- Procédez sans hâte et notez tout avec précision avant de faire une synthèse claire. Considérez d'abord vos mains individuellement, puis comparez leurs caractéristiques et notez les éventuelles différences. Ce n'est qu'ainsi qu'apparaîtront les traits dominants de votre caractère, les changements de situation passés et à venir.

- Sachez enfin montrer beaucoup de patience et d'humilité dans votre tâche. Souvenez-vous que cette science difficile ne s'apprend pas en un jour, qu'elle demande beaucoup de temps et d'efforts pour se laisser apprivoiser.

DANS LA COLLECTION LUMIÈRES

1. Votre thème astral : guide pratique d'analyse et d'interprétation

2. Le Tarot de Marseille : maîtrisez la symbolique pour mieux interpréter l'avenir

3. L'hypnose par la pratique : utilisez pleinement votre potentiel

4. La kabbale et ses mystères : accédez à une vie épanouie

5. Les secrets de votre pendule : méthode pratique d'initiation à la radiesthésie

6. Le rêve et ses symboles : sachez interpréter le langage secret de votre sommeil

7. La vie après la mort : témoignages et expériences sur l'après-vie

8. Astrologie et psychologie : gérez vos relations par la psycho-astrologie

9. Le tarot bohémien : la symbolique des Imagiers du Moyen Âge

10. La réincarnation de A à Z : dictionnaire des vies antérieures

11. Le vaudou : enquête aux pays des zombis

12. Nostradamus : les nouvelles révélations

13. Les runes : la clé des grands mystères

14. La cartomancie : l'art d'interroger les cartes et de les interpréter

15. Les ovnis : pourquoi vous cache-t-on la vérité?

16. Le Yi-king : maîtrisez votre destin par la sagesse de l'oracle chinois

17. Le karma : comment faire face à son destin

18. La magie des pierres précieuses : découvrez la pierre qui vous est destinée

19. Le secret des nombres : entrez dans cet univers symbolique et mystérieux

20. L'aura : révélez votre personnalité par la vision des corps psychiques

21. La chiromancie: l'art de lire les lignes de la main

22. L'astrologie chinoise : maîtrisez les clefs d'une tradition millénaire

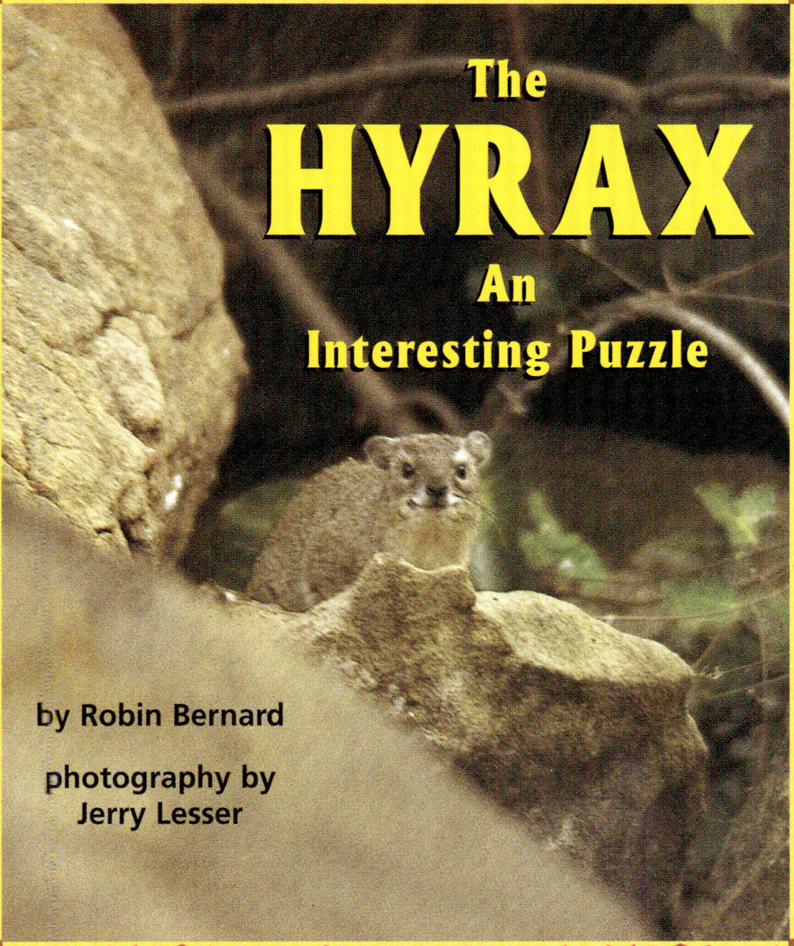

The HYRAX
An Interesting Puzzle

by Robin Bernard

photography by
Jerry Lesser

HOUGHTON MIFFLIN BOSTON

You can't smell the ocean from Top-Knot Island. You can't see waves or hear the gulls. Top-Knot Island is a rocky island. But it isn't like other islands, because it's in the middle of a sea of grass on the flat plains of Africa.

Top-Knot Island is really a group of boulders. It's like an island in some ways. It has its own climate, its own plants, and its own animals.

I went there to study an animal most people have never heard of — the hyrax.

I saw my first hyrax on an earlier trip to Africa. I climbed some rocks to take pictures of lizards and I had the feeling that I was being watched.

I was right! A furry little animal was looking at me. I took its picture before it ran away.

It came back a few minutes later, and it brought some friends. They all lined up to stare at the strange two-legged animal with the camera. They had funny smiles and bright eyes. I wanted to find out more about them.

Hyraxes are not well-known animals. Perhaps this is because hyraxes don't look or act special like some other animals. They don't have long, beautiful horns or lovely fur. In fact, they look very ordinary.

But scientists find hyraxes interesting. The hyrax has the same kind of stomach as a horse. It also has many different kinds of teeth. Some of its teeth are like hippo teeth. Some are like rhino teeth, and others look like rodent teeth.

What is the hyrax's closest relative? A scientist would tell you that it is an elephant. Hyraxes don't look like elephants. But their front leg bones, feet, and brain are a lot like an elephant's.

Hyraxes and elephants are alike in other ways. Usually small mammals have their babies in about eight weeks. But the small hyrax takes over 7 months to have babies. Elephants also take a long time to have their babies.

Both hyraxes and elephants have trouble cooling down. An elephant will cool down in a river or pond. Or it will flap its ears to cool down.

Hyraxes keep cool by living on the boulders. If it gets too hot, they find a shady spot between the rocks. The hyraxes at Top-Knot can also go to a cave where the air never gets too warm.

Hyraxes have more to worry about than elephants do. The small hyraxes can make an easy meal for a larger animal. Since elephants are so big, they aren't easy to catch and eat.

Hyraxes are careful to look out for danger. One hyrax sits on the highest boulder. It's the guard. It watches the sky for hungry eagles and for hungry leopards in the grass. These animals like to eat hyraxes.

If the guard sees danger, it whistles. Then all the hyraxes dive into deep, dark spaces between the rocks. In seconds, the hyraxes disappear.

The island not only protects the hyrax, it also gives them food. In many parts of Africa, there is a dry season and a rainy season. In the dry season, with almost no rain, the grass turns brown and dies. But on Top-Knot, there are always green plants. In the morning, dew forms on the boulders and runs down into the dirt. This gives the plants the water they need to stay alive.

Many animals and birds come to Top-Knot to eat its green plants. One morning I was watching the hyraxes eat. Two giraffes came to the island looking for food. I was surprised to see the giraffes. The hyraxes were surprised too.

The giraffes stretched their long legs and necks. They stuck out their long tongues. But they couldn't reach the leaves they wanted. The green plants in Top-Knot were too low for them. The giraffes gave up and went to find a tree to nibble on.

After the giraffes left, the hyraxes nibbled on their morning food. A few minutes later, I heard some squeaks. The squeaks came from pygmy mongooses. These little animals wiggled, jumped, and rolled over. One stopped and I quickly took its picture.

Pygmy mongooses kill snakes. I felt safer knowing that. I had not seen a snake yet, and I hoped I would never see one.

The next day I saw three tiny hyraxes. They looked like tiny puppies, not like wild African animals. I didn't see their mother right away, but I knew she must be close by. Then I saw her on a rock. She was watching everything carefully.

The three tiny hyrax cubs got closer and closer to me. I could almost touch them. But then the mother decided they were getting too curious. She gave a soft call and the three cubs ran back to her side. I was glad she called them because people shouldn't touch wild animals. But they looked so soft that I wanted to touch them.

I spent the summer watching the hyraxes. I learned a lot about their habits. I learned why hyrax cubs are good at climbing rocks. They learn by climbing on their mothers. First they climb on her tail, and then they move up her back. They then reach her neck, and finally they sit on top of her head.

I saw one cub hop on his mother's back many times every day. He could jump up well but he wasn't so good at getting down. But he kept trying. Each time he jumped down, he got better at it. Then he became good at climbing up and down the rocks.

The hyraxes became used to having me in their territory. If I sat very still, they would come close. They nibbled flowers and leaves right near me. One day I saw something I hadn't noticed before. I saw that a hyrax had long hairs along its back. The hairs were stiff like the whiskers on a cat. Later, I found out that the hyraxes use them as "feelers." In caves and dark spaces, these feelers are like extra hands, helping them find their way.

Like most mammals, hyrax cubs sniff each other. I watched them do this many times. One cub sniffed me and then ran away. It looked back at me and seemed to ask, "Do you want to play?" Cubs often sniff adult hyraxes too. The adults nuzzle them and then send them off to play with the other cubs.

Adult hyraxes do not like to sniff each other face to face. If they do, they often end up fighting.

The adults spend most of their time away from each other or resting back to back. Resting like this helps the hyraxes in two ways. First, they won't fight because they aren't looking at each other. Second, they are looking in different directions and have a better chance of seeing danger.

In the afternoon the hyraxes rest in their cool dens. I took my lunch break while they rested. But one day, lunch had to wait. A very large rhinoceros was standing at the foot of Top-Knot. He was so close, I could see his ears. Rhinos can't see very well, so he didn't see me. I was lucky!

When the rhinoceros left, I went to my car to eat my lunch. Later, I thought I saw something move in a tree. When I looked more closely, a pair of yellow eyes stared back at me.

I wasn't the only one interested in the hyraxes. A long, lean leopard was stretched out on a big branch. He waited and watched. He was looking for a hyrax to snack on.

The hyraxes slowly came out of their dens. The leopard saw them and slowly climbed down the tree, moving quietly toward them.

Suddenly, one of the hyraxes whistled. At the same time, a herd of impalas, African antelopes, ran across the plains. The leopard turned, looked at them and ran after the impalas. An impala was a big meal, not just a snack!

It started getting dark. I walked back to my car and got in. Two hyrax cubs hopped onto the roof and peeked down at me. Then they jumped off. They ran back to the island to play tag on the rocks.

I drove away, thinking about hyraxes. They had escaped the leopard. I hoped they could escape most dangers. Hyraxes are small and easy to overlook, and that helps protect them. Their gray-brown fur helps them blend in with their background. They also have few enemies because people don't eat them or use their fur. Best of all, hyraxes have the perfect home.

My summer at the island ended. When I came to the islands, I wanted to learn about hyraxes. Now, everything on and around Top-Knot Island was special to me. The island was more than a pile of boulders. It was home to some wonderful animals. And of all the animals I had seen, the hyrax was my favorite.

When I left, the sun was going down. I took one last look at Top-Knot and said a silent goodbye.